¿Cómo ser un buen padre?

Una Guía Práctica Con Los Mejores Consejos Para Criar A Tus Hijos Con Afecto, Disciplina Y Confianza En Sí Mismos

GHIA ARYA

Índice

Introducción

La crianza es, sin duda, uno de los mayores desafíos y satisfacciones de la vida. Ser padre no viene con un manual específico, y la incertidumbre sobre cómo guiar a los hijos de la mejor manera puede ser abrumadora. En un mundo cada vez más complejo y lleno de expectativas, los padres se enfrentan a preguntas que parecen no tener una respuesta fácil: ¿Cómo puedo ayudar a mi hijo a desarrollar la confianza en sí mismo? ¿De qué forma puedo fomentar el éxito académico sin presionarlo en exceso? ¿Cómo le enseño a lidiar con el fracaso y a aprender de sus errores? Este libro, tiene como objetivo ser una guía práctica que responda a estas y otras preguntas esenciales, ofreciendo un enfoque equilibrado, basado en la evidencia y adaptable a las necesidades de cada familia.

¿Por qué deben los padres leer este libro?
La respuesta es sencilla: porque la crianza no es un camino que deba recorrerse solo, y tener herramientas prácticas y conocimientos basados en estudios científicos hace que este viaje sea más satisfactorio. Este libro reúne décadas de investigaciones, consejos de expertos y estrategias probadas en el campo de la psicología infantil, la educación y el desarrollo emocional. No se trata de una fórmula mágica para criar a los hijos, sino de un mapa con caminos diversos, donde cada padre puede elegir el que mejor se adapte a sus circunstancias y valores.

Lo más importante de este libro: un enfoque práctico y empático

A lo largo de sus capítulos, encontrarás una combinación de conocimiento académico y recomendaciones aplicables al día a día. Desde cómo entender la personalidad única de tu hijo, hasta cómo motivarlo sin generar presión y fomentar la resiliencia al enfrentar el fracaso, este libro aborda cada tema con ejemplos prácticos y estudios relevantes.

Además, se abordan estrategias para crear rutinas efectivas, establecer límites claros y razonables, y fomentar la autonomía, todo mientras se mantiene un ambiente de amor y respeto. Este libro también enfatiza la importancia del desarrollo social, explorando cómo las amistades y las actividades extracurriculares pueden enriquecer la vida de los niños y prepararlos para enfrentar el mundo con seguridad y empatía.

Una invitación a la reflexión y al crecimiento compartido

Este no es solo un libro para leer y aplicar; es una invitación a reflexionar sobre la crianza y a verla como un proceso de aprendizaje conjunto, donde tanto padres como hijos crecen y se enriquecen mutuamente. A lo largo de estas páginas, los padres encontrarán herramientas para fortalecer la relación con sus hijos, fomentar su desarrollo integral y, lo más importante, disfrutar del viaje.

Al leer este libro, descubrirás que ser un buen padre no significa ser perfecto, sino estar dispuesto a aprender, adaptarse y amar incondicionalmente. Este libro está diseñado para ser un aliado en ese camino, un recordatorio de que la crianza es una combinación de esfuerzo, amor, y el deseo de criar hijos que no solo tengan éxito, sino que también sean felices y plenos.

Capítulo 1: Cada niño es único

La importancia de entender la personalidad de tu hijo/a

Ser padre es un reto maravilloso, pero también implica estar en constante aprendizaje. Uno de los primeros pasos que te ayudará a navegar este camino es entender que tu hijo o hija es una persona única, con su propia personalidad, intereses, y formas de ver el mundo. ¡Y esto es clave!

Conocer a fondo su personalidad no solo te permitirá conectarte mejor con él o ella, sino también brindarle el apoyo que necesita para desarrollarse de la mejor manera posible.

Todos nacemos con un temperamento básico que nos distingue, y aunque los niños pueden compartir algunos rasgos con sus padres o hermanos, cada uno es una pequeña obra maestra con una combinación única de emociones, reacciones y pensamientos. Por eso, uno de los mayores errores que puedes cometer es suponer que todos los niños necesitan el mismo tipo de crianza o que, porque tu primer hijo era de una manera, tu segundo hijo será igual. ¡No hay nada más lejos de la realidad!

Conocer su personalidad te ayudará a:

Entender sus reacciones y comportamientos:

Hay niños que son naturalmente tranquilos, mientras que otros son una auténtica bola de energía. Algunos pueden necesitar más tiempo para adaptarse a situaciones nuevas, mientras que otros saltan sin miedo a cada nueva experiencia. Si comprendes la personalidad de tu hijo/a, podrás interpretar mejor sus comportamientos.

Por ejemplo, si tu hijo es más introvertido, tal vez no esté "siendo grosero" cuando no quiere saludar a desconocidos, simplemente está procesando la situación a su ritmo.

Adaptar tu estilo de comunicación:

Algunos niños necesitan palabras suaves y mucha paciencia, mientras que otros responden mejor a instrucciones claras y directas. A medida que comprendas cómo funciona su mente, podrás ajustar la forma en la que le hablas para que la comunicación fluya mejor. Esto es especialmente importante cuando se trata de disciplina o apoyo emocional.

Fomentar sus fortalezas naturales:

Conocer a tu hijo o hija te permitirá descubrir sus talentos y fortalezas, y ahí es donde puedes hacer una gran diferencia. Si observas que tiene un interés particular en la música, los deportes o las matemáticas, podrás motivarlo/a para que explore esos caminos. Eso no significa forzar una habilidad o sobrecargarlo/a con actividades, sino estar presente para apoyarlo/a cuando demuestre curiosidad o disfrute por algo específico.

Ser su mayor apoyo emocional:

Cada niño enfrenta desafíos emocionales de una manera diferente. Algunos niños son más sensibles y tienden a llorar fácilmente, mientras que otros pueden esconder sus emociones o reaccionar con enojo. Cuando comprendes su forma de ser, puedes estar más atento/a a sus necesidades emocionales y brindarle el soporte adecuado.

Por ejemplo, un niño más emocional puede necesitar más abrazos y palabras de consuelo, mientras que otro puede requerir más espacio para calmarse por su cuenta.

Establecer una relación de confianza:

Entender a tu hijo/a también genera un ambiente de confianza y respeto mutuo. Cuando él o ella siente que lo entiendes, se abrirá más a ti y confiará en que siempre estarás de su lado, sin importar las circunstancias. Esto es crucial para que tu relación evolucione a lo largo del tiempo y para que tu hijo/a sepa que puede contar contigo en cualquier situación, buena o mala.

Consejos prácticos para conocer mejor a tu hijo/a:

- **Observa con atención:**

  Pasa tiempo simplemente observando cómo actúa tu hijo/a en diferentes situaciones: cuando juega solo, con amigos o cuando se enfrenta a algo nuevo. ¿Es más tranquilo o inquieto? ¿Le gusta liderar o seguir? Estas pequeñas observaciones te darán pistas valiosas sobre su carácter.

- **Escucha sin interrupciones:**

  Cuando te hable de lo que le gusta o de lo que le preocupa, dale toda tu atención. A veces, los niños nos dicen mucho más de lo que parece, pero estamos tan ocupados que se nos escapa. Haz preguntas abiertas que lo motiven a hablar más, como "¿Por qué te gusta tanto jugar con ese juguete?" o "¿Cómo te sentiste cuando te pasó eso en la escuela?".

- **Prueba diferentes actividades:**

  Proponle actividades variadas y observa cuáles le gustan más. No todos los niños disfrutan las mismas cosas, y eso está bien. Ofrecerle la oportunidad de experimentar varias opciones le permitirá descubrir lo que realmente le apasiona y, a ti, entender mejor sus preferencias.

- **Ten paciencia:**

  No te desesperes si no logras "entenderlo/a" de inmediato. El proceso de conocer bien a tu hijo/a lleva tiempo y evolución, tal como lo haría con cualquier relación significativa en tu vida. A medida que crece, también cambiará, y tu papel será acompañarlo/a en esos cambios con comprensión y apoyo.

- **Acepta sus diferencias:**

  Recuerda siempre que tu hijo/a no es una extensión de ti. Es una persona con sus propios pensamientos, deseos y miedos. Aceptar y respetar esas diferencias te permitirá construir una relación mucho más cercana y significativa. No tienes que moldearlo/a a tu imagen, sino guiarlo/a para que descubra quién quiere ser.

Entender la personalidad de tu hijo/a es el primer paso para ser un buen padre. No se trata de adivinar siempre qué necesita o anticipar cada problema que pueda tener, sino de estar presente, escuchar y observar con atención. Cada niño es un mundo, y la belleza de la paternidad está en ir descubriendo ese mundo poco a poco, con amor, paciencia y disposición.

Así que, ¡adelante! Dedica tiempo a conocer a fondo a tu hijo/a. Verás cómo ese conocimiento se convierte en la base sólida para todo lo que venga en su crianza.

Cómo observar y descubrir sus talentos y pasiones

Uno de los grandes placeres de ser padre es ser testigo del crecimiento de tu hijo o hija, no solo físico, sino emocional e intelectual. Parte de ese proceso de crecimiento es el descubrimiento de lo que les apasiona y para lo que tienen un talento innato. Como padre o madre, tienes la increíble oportunidad de ser un observador privilegiado de este proceso y jugar un papel crucial en ayudarles a encontrar esas actividades que los llenen de entusiasmo y que saquen lo mejor de ellos.

Descubrir los talentos y pasiones de tu hijo/a es como desenterrar un tesoro oculto. A veces, los niños muestran de inmediato una inclinación natural hacia ciertas actividades, pero en muchas ocasiones, esto requiere tiempo, observación y, sobre todo, paciencia. Aquí te explico algunas estrategias para que puedas identificar esos talentos y pasiones desde temprana edad.

1. Observa el juego: el lenguaje de la curiosidad

El juego es una de las formas más puras en las que los niños expresan su creatividad y curiosidad por el mundo. Lo que eligen hacer cuando tienen tiempo libre, cómo interactúan con los juguetes, los libros o incluso con los objetos más cotidianos, puede darte pistas sobre lo que realmente les interesa.

- **¿Le gusta construir cosas?** Quizás haya un pequeño ingeniero o arquitecto en casa. Si pasa horas con bloques de construcción o juguetes donde debe ensamblar piezas, tal vez esté mostrando una habilidad natural para el diseño o la resolución de problemas.
- **¿Prefiere juegos de rol o imaginación?** Si ves que a tu hijo/a le encanta inventar historias o jugar a ser diferentes personajes, eso podría indicar una inclinación hacia la creatividad, la escritura o incluso las artes escénicas.
- **¿Es un/a explorador/a incansable?** Si tu hijo/a disfruta estar al aire libre, observando insectos, plantas o investigando todo lo que encuentra, podría tener una pasión por la ciencia y la naturaleza. Esa curiosidad

podría ser el primer indicio de un futuro biólogo, veterinario o científico.

La clave aquí es dejar que jueguen libremente y observar con atención, sin interferir demasiado. El juego es su espacio para explorar el mundo a su manera.

2. Pregunta, pero sin presionar

A veces, la forma más directa de descubrir las pasiones de tu hijo/a es simplemente preguntándole. No de manera inquisitiva o con expectativas, sino con interés genuino.

Preguntas como:

- "¿Qué te gusta hacer en tu tiempo libre?"
- "Si pudieras hacer solo una cosa durante todo el día, ¿qué elegirías?"
- "¿Qué actividad te hace más feliz?"

Estas preguntas pueden abrir una conversación en la que tu hijo/a te cuente lo que realmente disfruta hacer. Sin embargo, es importante que estas preguntas se hagan sin presión. Si siente que debe darte una respuesta que te haga feliz, es posible que no te diga lo que realmente piensa. Mantén las preguntas abiertas y escucha sin juzgar.

3. Exponlos a diferentes experiencias

Los niños no pueden apasionarse por algo que no conocen. Una de las mejores formas de descubrir los talentos y pasiones de tu hijo/a es exponerlo/a a una variedad de actividades. Llévalos a clases o talleres de diferentes temas: arte, música, deportes, ciencia, tecnología, etc. Lo importante es que prueben cosas nuevas.

- **Clases de arte o manualidades**: Si tu hijo/a disfruta pintando, dibujando o creando, podría estar expresando una inclinación artística. Las clases de arte son una excelente manera de explorar ese interés.
- **Actividades físicas o deportes**: Inscribirlo/a en un deporte puede ayudarte a descubrir si tiene habilidades deportivas o si le encanta la competencia. No todos los niños se sienten atraídos por los deportes tradicionales, pero tal vez un arte marcial o una actividad física no convencional despierte su pasión.
- **Música y expresión artística**: Si ves que le llama la atención la música, ya sea cantando, tocando instrumentos de juguete o bailando al ritmo de canciones, tal vez valga la pena explorar clases de música o danza.

A veces, los niños pueden no mostrar interés en algo de inmediato, pero con el tiempo, cuando prueban una actividad varias veces, comienzan a disfrutarla. Dale espacio para explorar y probar cosas nuevas, sin presión de tener que ser el mejor en todo.

4. Reconoce sus esfuerzos, no solo los resultados

Es fácil elogiar a tu hijo/a cuando es bueno/a en algo, pero lo más importante es valorar su esfuerzo. A veces, el verdadero talento está en su capacidad de perseverar en algo, incluso si no es "naturalmente bueno" al principio. De hecho, muchos niños descubren su pasión después de superar desafíos y de dedicar tiempo y esfuerzo a algo que les interesa.

Elogiar el esfuerzo más que el resultado es esencial porque enseña a tu hijo/a que lo importante es probar, practicar y mejorar, en lugar de solo enfocarse en ser el mejor. El talento se puede desarrollar, y una actitud de crecimiento puede abrir muchas puertas.

- En lugar de decirle: "¡Eres un genio en matemáticas!", prueba algo como: "He visto cómo te esfuerzas en resolver esos problemas difíciles, ¡qué orgulloso estoy de ti!"
- Si te muestra una nueva pintura, en vez de enfocarte en lo estético, di algo como: "Me encanta cómo usaste esos colores, parece que te divertiste mucho haciéndola".

Este tipo de reconocimiento le hará sentir que lo que importa es disfrutar el proceso, no solo el resultado final, y eso es clave para descubrir sus verdaderas pasiones.

5. Ten paciencia: el descubrimiento toma tiempo

A veces, como padres, queremos que nuestros hijos encuentren rápido su "pasión", pero el proceso de descubrir en qué son buenos y qué realmente los mueve puede llevar años. Y lo que es más, las pasiones pueden cambiar con el tiempo. Hoy puede que a tu hijo le encante el fútbol, pero dentro de unos años podría interesarse más por la robótica o la música.

Lo más importante es que estés allí para apoyarlo/a en ese viaje, sin presiones ni expectativas. El camino de descubrir sus talentos y pasiones no tiene una línea recta. A medida que crecen, sus intereses también evolucionan. Y eso está bien.

Comunicación efectiva: Escucha activa y sin juicios

Uno de los aspectos más importantes para conocer y entender realmente a tu hijo/a es la **comunicación efectiva**, y esto no solo se trata de hablar, sino sobre todo de escuchar. A menudo, los padres creen que deben ser los principales habladores en la relación con sus hijos, pero la verdadera magia de la comunicación radica en saber escuchar, y hacerlo de manera activa y sin juicios.

La **escucha activa** es una herramienta poderosa que te permite conectarte profundamente con tu hijo/a. No solo es escuchar las palabras que te dice, sino también prestar atención a las emociones detrás de esas palabras, a su lenguaje corporal y a todo lo que no se expresa verbalmente. Y lo más importante: escuchar sin juzgar. Este tipo de comunicación abre un espacio seguro en el que tu hijo/a se siente libre para expresarse, y eso es clave para que desarrolle confianza, autoestima y una relación fuerte contigo.

¿Qué es la escucha activa y por qué es importante?

La escucha activa no es simplemente oír lo que tu hijo/a te dice mientras estás ocupado/a haciendo otras cosas. Es un proceso en el que le das tu completa atención, mostrando interés genuino por lo que tiene que decir y validando sus emociones. Esto no solo ayuda a que tu hijo/a se sienta comprendido/a, sino que también fortalece el vínculo entre ambos.

Según el psicólogo **Carl Rogers**, uno de los pioneros de la terapia centrada en el cliente, la escucha activa es esencial para crear relaciones basadas en la empatía. Rogers creía que cuando las personas sienten que se les escucha y comprende sin ser juzgadas, pueden explorar mejor sus propios pensamientos y sentimientos. Esto también aplica a la relación entre padres e hijos.

Por otro lado, estudios como los de **John Gottman**, experto en relaciones familiares, también demuestran que los niños cuyos padres practican la escucha activa y les permiten expresarse sin temor a ser juzgados, desarrollan mejores habilidades emocionales y sociales. Esto los hace más resilientes ante el estrés y los desafíos cotidianos.

El trabajo de Gottman ha sido fundamental para comprender cómo las interacciones cotidianas, como la forma en que los padres escuchan y responden a sus hijos, pueden influir de manera profunda en el desarrollo emocional y social de los niños.

Uno de los conceptos más importantes que Gottman introdujo es el de la **"parentalidad emocionalmente inteligente"**, que pone un fuerte énfasis en la capacidad de los padres para entender, validar y guiar las emociones de sus hijos. Dentro de esta teoría, la **escucha activa** juega un papel central. Según Gottman, los padres que practican la escucha activa y sin juicios permiten que sus hijos se sientan comprendidos y apoyados emocionalmente, lo que conduce a una serie de beneficios clave en el desarrollo infantil.

La investigación de Gottman ha mostrado que cuando los padres permiten que sus hijos expresen libremente sus emociones sin ser juzgados, esto contribuye a un mayor desarrollo de la **inteligencia emocional**. La inteligencia emocional se refiere a la capacidad de identificar, comprender y manejar las propias emociones y las de los demás. Un niño emocionalmente inteligente tiene más herramientas para enfrentar el estrés, resolver conflictos y mantener relaciones sociales saludables.

En sus estudios, Gottman encontró que los niños cuyos padres practican una comunicación efectiva, centrada en la escucha activa, tienen más probabilidades de desarrollar las siguientes habilidades emocionales:

- **Conciencia emocional**: Los niños que son escuchados aprenden a identificar sus propias emociones con mayor precisión. Saber cómo se sienten les da una base sólida para manejar esas emociones. Si un niño sabe que está frustrado, por ejemplo, es más probable que busque formas adecuadas de lidiar con esa frustración, en lugar de actuar impulsivamente.

- **Regulación emocional**: Los niños que se sienten comprendidos son más capaces de calmarse en situaciones de estrés. Saben que sus emociones son válidas y que no serán criticados por sentir tristeza, enojo o miedo, lo que les da la seguridad emocional para controlar sus reacciones.

- **Empatía**: Los estudios de Gottman también mostraron que los niños que experimentan una crianza emocionalmente inteligente desarrollan mayor empatía hacia los demás. Al sentir que sus emociones son validadas y comprendidas, son más propensos a extender ese mismo entendimiento hacia sus amigos y compañeros.

- **Habilidades sociales más sólidas**: Escuchar activamente a los niños no solo mejora la relación padre-hijo, sino que también ayuda a los niños a desarrollar mejores habilidades sociales en general. Cuando los niños son escuchados y validados en casa, es más probable que adopten esas mismas estrategias en sus interacciones con otras personas. Esto se traduce en una mayor habilidad para resolver conflictos y formar relaciones positivas.

Por otro lado, Gottman demostró que los niños que crecen en un entorno donde la escucha activa y el entendimiento emocional son la norma, desarrollan una mayor resiliencia ante el estrés y los desafíos cotidianos. ¿Qué significa esto en términos prácticos?

1. Menos reactividad ante el estrés:

Los niños que sienten que pueden hablar libremente con sus padres acerca de sus problemas, sin miedo a ser juzgados o ignorados, tienden a ser menos reactivos emocionalmente ante situaciones estresantes. En lugar de sentirse abrumados por sus emociones, son capaces de detenerse y pensar antes de actuar, lo que les permite manejar mejor los conflictos y dificultades que se presentan en su día a día.

2. Mayor capacidad para enfrentar la adversidad:

La resiliencia no es simplemente "soportar" el estrés, sino ser capaz de adaptarse y recuperarse después de una experiencia difícil. Los estudios de Gottman mostraron que los niños que son escuchados por sus padres y cuyas emociones son validadas, tienden a ver los problemas no como fracasos insuperables, sino como desafíos que pueden superar. Este cambio de perspectiva es crucial para que los niños desarrollen una mentalidad de crecimiento, en la que los errores y las dificultades se perciben como oportunidades para aprender y mejorar.

3. Mayor autoconfianza:

Otro hallazgo clave en la investigación de Gottman es que la escucha activa fomenta la autoconfianza en los niños. Al sentir que sus pensamientos y emociones son importantes para sus padres, los niños aprenden a valorarse a sí mismos y a confiar en su capacidad para resolver problemas. Esto no solo los ayuda a enfrentar los desafíos inmediatos, sino que también les da una base sólida para la vida adulta.

La parentalidad emocionalmente inteligente: El proceso de los cinco pasos de Gottman

John Gottman desarrolló un modelo basado en cinco pasos para enseñar a los padres a aplicar la escucha activa de manera más efectiva, conocido como el "Entrenamiento emocional". Estos pasos ayudan a los padres a responder de forma empática a las emociones de sus hijos, promoviendo su desarrollo emocional.

Paso 1: Conciencia de las emociones del niño/a:

Este primer paso implica estar atento a las señales emocionales que tu hijo/a te envía. No siempre será tan evidente como un llanto o una rabieta; a veces, los niños manifiestan emociones a través de cambios sutiles en su comportamiento. Como padre, debes estar atento y ser consciente de cómo se siente tu hijo/a, incluso cuando no lo diga directamente.

Paso 2: Reconocer la emoción como una oportunidad para conectar:

En lugar de ver las emociones negativas como un problema que debe solucionarse rápidamente, Gottman sugiere que los padres las vean como una oportunidad para conectar emocionalmente con sus hijos. Por ejemplo, si tu hijo/a está frustrado porque no puede resolver un problema de tarea, esto puede ser una excelente oportunidad para enseñarle sobre la perseverancia y el manejo de la frustración.

Paso 3: Escuchar con empatía y validar los sentimientos:

Este paso es crucial. La validación emocional implica reconocer que lo que siente tu hijo/a es real y legítimo, incluso si no entiendes completamente por qué se siente de esa manera. Gottman sugiere frases como "Entiendo que te sientas así" o "Es normal sentirse frustrado cuando algo no sale como esperas". Validar no significa estar de acuerdo, sino demostrar que entiendes su perspectiva.

Paso 4: Ayudar a etiquetar las emociones:

Muchas veces, los niños no tienen las palabras para describir cómo se sienten. Una parte importante de la crianza emocionalmente inteligente es ayudar a tu hijo/a a identificar y nombrar sus emociones. Puedes decir algo como: "Parece que estás muy triste porque no pudiste jugar con tus amigos hoy". Esto no solo les enseña a reconocer sus emociones, sino que también les da el vocabulario necesario para hablar sobre ellas en el futuro.

Paso 5: Poner límites y guiar la resolución de problemas:
Después de escuchar y validar, es momento de ayudar a tu hijo/a a resolver el problema de manera constructiva. Esto puede implicar poner límites, pero siempre de una manera que respete sus emociones. Por ejemplo, si está enojado porque no puede quedarse jugando más tiempo, puedes decir: "Entiendo que estés enojado porque quieres seguir jugando, pero ya es hora de dormir. Mañana podrás jugar más tiempo".

Consejos para practicar la escucha activa

1. Dedica tiempo y atención completa:
En un mundo lleno de distracciones, darle a tu hijo/a tu completa atención es uno de los regalos más valiosos que puedes ofrecerle. Cuando quiera hablar contigo, pon el teléfono a un lado, apaga la televisión y concéntrate en él o ella. Esto no solo demuestra que lo/a valoras, sino que también le envía el mensaje de que lo que tiene que decir es importante para ti.

- **Consejo práctico**: Designa un tiempo cada día para conversar con tu hijo/a sin distracciones. Puede ser durante la cena, antes de dormir, o incluso en el coche. No necesitas hacer grandes preguntas; simplemente pregúntale cómo le ha ido el día y escucha sin interrupciones.

2. Haz preguntas abiertas:
Las preguntas abiertas son una excelente manera de animar a tu hijo/a a hablar más. Evita las preguntas que se respondan con

un "sí" o "no". En lugar de preguntar "¿Te fue bien en la escuela?", prueba con "¿Qué fue lo más interesante que hiciste hoy?". Esto invita a tu hijo/a a compartir más detalles y te da una mejor comprensión de su día y de cómo se siente.

- **Consejo práctico**: Cuando te responda, no te apresures a dar tu opinión o consejo. En lugar de eso, sigue preguntando para profundizar: "¿Cómo te sentiste cuando eso pasó?" o "¿Qué harías diferente la próxima vez?".

3. Refleja lo que escuchas:

Una técnica eficaz en la escucha activa es "reflejar" lo que tu hijo/a te dice. Esto significa repetir o parafrasear lo que escuchaste para asegurarte de que lo has entendido correctamente. Por ejemplo, si tu hijo/a te dice "Me sentí mal porque nadie me escogió para el equipo", puedes responder: "Parece que te sentiste muy triste cuando eso pasó, ¿verdad?". Esto no solo demuestra que lo escuchaste, sino que también valida sus sentimientos.

- **Consejo práctico**: Usa frases como "Parece que...", "Entiendo que te sientes...", "Me suena a que lo que estás diciendo es...". Estas frases muestran empatía y validación, lo cual es crucial para que tu hijo/a se sienta comprendido/a.

Evita los juicios y la crítica inmediata:

Uno de los mayores obstáculos para una comunicación efectiva es el juicio. A veces, como padres, tendemos a querer corregir a nuestros hijos de inmediato, señalando lo que creemos que están haciendo mal o dándoles lecciones en el momento equivocado. Sin embargo, este tipo de respuestas puede hacer que tu hijo/a se cierre y deje de compartir sus sentimientos contigo.

La crítica constante puede erosionar la confianza y la autoestima de un niño/a. De acuerdo con el estudio realizado por el Child Development Institute (Instituto de Desarrollo Infantil) en Canadá, los niños que reciben críticas constantes de sus padres pueden desarrollar inseguridades y sentirse menos dispuestos a abrirse, incluso en la adolescencia y la adultez.

En lugar de corregir de inmediato, trata de escuchar con calma y brindar tu apoyo emocional antes de ofrecer consejos.

1. Dale espacio para expresar sus emociones:
Si tu hijo/a está enfadado o triste, no minimices sus sentimientos ni intentes solucionarlo todo de inmediato. Escucha y permite que hable sobre lo que le preocupa. A veces, solo necesitan ser escuchados, no necesariamente una solución.

- **Consejo práctico**: Si tu hijo/a está frustrado por una tarea difícil, en lugar de decir "No es para tanto, lo resolverás rápido", puedes decir "Entiendo que te sientes frustrado, ¿quieres que lo intentemos juntos o prefieres un descanso?". Esto valida su sentimiento sin minimizarlo.

2. Mantén una mente abierta:
Incluso si no estás de acuerdo con lo que tu hijo/a te dice, respétalo/a lo suficiente como para escuchar sin interrumpir ni prejuzgar. La escucha sin juicios es un espacio donde tu hijo/a puede explorar sus pensamientos sin miedo a ser castigado/a o criticado/a. Esto no significa que debas estar de acuerdo con todo, pero es importante que primero entiendas lo que está tratando de decir.

- **Consejo práctico**: Cuando sientas que estás a punto de juzgar o corregir, respira profundo y repite mentalmente: "Primero escucha, después hablamos". Este simple recordatorio te ayudará a contener la urgencia de corregir y a priorizar la comunicación.

El lenguaje no verbal también importa:

La comunicación no solo pasa por las palabras, sino también por los gestos, el contacto visual y el lenguaje corporal. Cuando estás escuchando activamente, tu cuerpo también debe reflejar que estás presente.

- **Mantén el contacto visual**
  Esto no solo demuestra que estás enfocado/a en lo que tu hijo/a dice, sino que también fomenta la confianza. El contacto visual es una señal poderosa de que le estás prestando atención.
- **Asiente o usa pequeños gestos**
  A veces, pequeños gestos como asentir con la cabeza o decir "mmm" son suficientes para mostrar que estás escuchando atentamente, sin necesidad de interrumpir.
- **Evita distracciones**
  Si estás mirando tu teléfono o realizando otras tareas mientras tu hijo/a habla, él/ella sentirá que no es una prioridad para ti en ese momento. Aunque tengas una agenda ocupada, es vital dedicar esos momentos de atención total.

La escucha activa construye confianza y seguridad

Cuando practicas la escucha activa y sin juicios, estás creando un ambiente seguro para que tu hijo/a se exprese con libertad. Saber que puede venir a ti sin ser juzgado/a, incluso cuando ha cometido errores, construye una relación sólida basada en la confianza.

Uno de los estudios más influyentes en el campo de la psicología infantil y la crianza fue realizado por un equipo de investigadores de Harvard University, quienes se propusieron analizar cómo la forma en que los padres se comunican con sus hijos afecta el desarrollo de su autoestima y autoconfianza. Los resultados de este estudio subrayan la importancia de la escucha sin crítica en la relación padre-hijo, y cómo esta práctica puede moldear la manera en que los niños se ven a sí mismos y cómo toman decisiones a lo largo de su vida.

La autoestima y su relación con la comunicación parental

La autoestima se refiere a la valoración y el respeto que una persona tiene de sí misma. En los niños, una autoestima saludable es esencial para el desarrollo de la autoconfianza, la independencia y la capacidad de enfrentar los desafíos de la vida. El estudio de Harvard demostró que la autoestima de los niños está profundamente influenciada por la calidad de las interacciones que tienen con sus padres, y uno de los factores clave es cómo los padres escuchan y responden a las emociones, pensamientos y preocupaciones de sus hijos.

Los investigadores encontraron que los niños cuyos padres los escuchan de manera activa y sin emitir juicios o críticas inmediatas, tienden a desarrollar una autoestima mucho más fuerte que aquellos cuyos padres tienden a corregir o minimizar lo que los niños expresan. Cuando un padre o madre escucha con empatía, los niños sienten que sus pensamientos y emociones son válidos y dignos de ser compartidos. Esto fortalece su sentido de valor personal, ya que perciben que lo que piensan y sienten es importante para las personas más significativas en su vida.

Uno de los hallazgos más relevantes del estudio fue que los niños que son escuchados sin críticas frecuentes tienden a confiar más en sus propios juicios y decisiones. En la investigación, se observó que cuando los padres escuchan sin interrumpir, sin apresurarse a corregir o emitir un juicio negativo, los niños desarrollan una mayor capacidad para tomar decisiones por sí mismos. Esto se debe a varios factores:

1. **Desarrollo de una mentalidad de confianza interna**: Los niños que son escuchados de manera respetuosa aprenden a confiar en sus propias opiniones y sentimientos. Saben que no siempre tienen que depender de la validación externa, como la aprobación de los padres o amigos, para sentirse seguros de sus decisiones. Este es un aspecto crucial en la formación de una persona independiente y autónoma. Al ser escuchados sin crítica, los niños aprenden a validar sus propias experiencias y juicios, lo que les ayuda a formar un sentido sólido de autoconfianza.

2. **Menor dependencia de la validación externa**: En contraste, los niños que crecen con padres que tienden a criticarlos constantemente, o que corrigen rápidamente sus ideas, aprenden a dudar de sí mismos y, en muchos casos, desarrollan una dependencia de la aprobación de los demás. Esto puede tener consecuencias negativas a largo plazo, ya que se vuelven más susceptibles a la presión de grupo o a tomar decisiones basadas en lo que otros piensan, en lugar de confiar en su propio juicio. El estudio de Harvard mostró que la crítica constante por parte de los padres puede erosionar la confianza interna de los niños y hacer que busquen continuamente la validación externa para sentirse valiosos.

3. **Fomento de la toma de decisiones reflexiva**: Los padres que escuchan sin criticar fomentan una mayor reflexión en sus hijos antes de tomar decisiones. En lugar de temer equivocarse o decepcionar a sus padres, los niños se sienten más libres para pensar detenidamente sobre sus opciones y tomar decisiones basadas en sus propios análisis. Esta habilidad para evaluar situaciones

y tomar decisiones sin la constante necesidad de aprobación externa es fundamental para el desarrollo de una personalidad segura y resiliente.

El estudio también destacó el papel de la validación en el desarrollo de la autoestima. La validación implica reconocer y aceptar los pensamientos y emociones de un niño como reales y válidos, sin necesidad de corregir o minimizar lo que sienten. Cuando los padres validan las emociones de sus hijos, los niños aprenden que está bien sentir lo que sienten y que no deben reprimir o esconder sus emociones.

- **Validación**: Los niños que experimentan validación emocional desarrollan una mayor autoestima porque sienten que tienen derecho a sus propios sentimientos y pensamientos. Esta validación les enseña que su voz es importante y digna de ser escuchada.
- **Crítica**: En contraste, los niños que son criticados constantemente, o cuyas emociones son minimizadas con frases como "No es para tanto" o "Estás exagerando", pueden llegar a pensar que sus emociones no son válidas o importantes. Esto puede llevar a una disminución de la autoestima, ya que los niños comienzan a dudar de sus propios sentimientos y a depender de la opinión de los demás para sentirse seguros.

El estudio de Harvard encontró que los niños que crecen en entornos donde sus emociones son validadas tienen más probabilidades de tener una autoestima más alta y de sentirse cómodos con quienes son, independientemente de lo que los demás piensen.

Consecuencias a largo plazo de una autoestima saludable

El impacto de la escucha sin crítica y la validación emocional en la autoestima no solo se manifiesta en la infancia, sino que también tiene importantes consecuencias a largo plazo. Los investigadores de Harvard concluyeron que los niños que crecen con una autoestima saludable tienden a:

- **Ser más resilientes ante las dificultades**: La autoestima fuerte les permite recuperarse más rápidamente de los fracasos o las críticas externas. En lugar de ver los fracasos como algo que define su valor, los ven como oportunidades de aprendizaje y crecimiento.

- **Tener relaciones interpersonales más saludables**: Al no depender tanto de la validación externa, son capaces de establecer relaciones más equilibradas y menos codependientes. Tienden a buscar relaciones basadas en el respeto mutuo y la autenticidad, en lugar de buscar constantemente la aprobación de los demás.

- **Desarrollar una mayor autonomía**: Los niños con una autoestima sólida tienden a tomar decisiones de manera más independiente y con mayor confianza en sus propios juicios. Esto los ayuda a convertirse en adultos que pueden navegar de manera efectiva por el mundo, tomar decisiones importantes y asumir responsabilidades sin temor constante a equivocarse.

- **Mostrar mayor estabilidad emocional**: Al no depender de la aprobación de los demás para sentirse valiosos, estos niños tienden a tener una mayor estabilidad emocional. Son menos propensos a sentirse devastados por el rechazo o las críticas, y más capaces de manejar el estrés y las presiones de la vida diaria.

Adaptando tus expectativas a su realidad, no a la tuya

Uno de los mayores desafíos y, a la vez, una de las mayores oportunidades en la crianza es aprender a adaptar tus expectativas a la realidad de tu hijo/a y no a la tuya. Como padres, es natural tener deseos y sueños para nuestros hijos. Queremos lo mejor para ellos y, a veces, podemos proyectar nuestras propias metas, valores y experiencias en ellos.

Sin embargo, cada niño es una persona única, con sus propias habilidades, pasiones y ritmo de desarrollo. Reconocer esto y ajustar nuestras expectativas a su realidad les permitirá crecer en un ambiente de amor y aceptación, donde se sientan valorados por quienes son y no por lo que "deberían ser". Aquí te presento algunos consejos que debes seguir para adaptar tus expectativas a la realidad de tus hijos/as:

1. ¿Por qué es importante adaptar tus expectativas?

Adaptar las expectativas no significa que debas bajar los estándares o "conformarte" con menos, sino reconocer que el desarrollo y crecimiento de tu hijo/a seguirá un camino propio y único. La psicóloga Carol Dweck, conocida por su investigación sobre la mentalidad de crecimiento, explica que los niños prosperan cuando se les permite avanzar a su propio ritmo y en sus propios términos, en lugar de verse obligados a cumplir con expectativas externas.

La Universidad de Stanford llevó a cabo un estudio exhaustivo sobre el impacto que tiene la libertad para explorar intereses y habilidades frente a la presión de expectativas rígidas en el desarrollo emocional de los niños. Este estudio reveló información fundamental sobre cómo las actitudes de los padres hacia los intereses y habilidades de sus hijos pueden afectar profundamente su autoestima, resiliencia emocional, y, en algunos casos, su bienestar mental.

En el estudio, se analizó a un grupo de niños cuyas familias permitieron que exploraran sus propios intereses y habilidades sin imponer expectativas rígidas o inflexibles. Estos padres tendían a brindar apoyo y orientación sin presionar a sus hijos para que se alinearan con una única visión de éxito. Los resultados fueron claros: los niños en estos hogares mostraron una autoestima más alta y mayor resiliencia emocional en comparación con aquellos que crecieron bajo expectativas estrictas. Esto fue lo que se concluyó:

1. Autoestima saludable

La autoestima está intrínsecamente ligada a la percepción de su capacidad y a la aceptación de sus propios talentos. Los niños que tienen la libertad de explorar sus intereses suelen recibir el mensaje de que su valor no depende de cumplir con un estándar específico, sino de su capacidad para aprender, crecer y disfrutar sus propias habilidades.

- **Mensaje de aceptación y valor personal**: Los niños que experimentan libertad para explorar entienden que su valor reside en quienes son, no en cumplir con las expectativas de sus padres. Esto fortalece su sentido de sí mismos y su confianza en su capacidad de tomar decisiones que los beneficien a largo plazo.
- **Percepción de competencia personal**: Al poder experimentar y descubrir sus fortalezas y habilidades, los niños desarrollan una percepción realista y positiva de lo que son capaces de hacer. Esto les da confianza para enfrentarse a nuevos desafíos sin miedo al fracaso o a la desaprobación.

2. Resiliencia emocional

La **resiliencia emocional** es la capacidad de recuperarse frente a las adversidades. Los niños que crecieron en un ambiente donde se les permitió explorar desarrollaron una mayor capacidad para enfrentar los desafíos y para manejar sus emociones de manera saludable. Esto se debe a que estos niños aprendieron a ver los problemas y fracasos como parte de un proceso de aprendizaje natural.

- **Menor miedo al fracaso**: En un ambiente de exploración libre, los niños comprenden que el fracaso es una experiencia válida que no define su valor. Esto les permite arriesgarse más y enfrentarse a nuevos retos sin temer la desaprobación.
- **Habilidades para el afrontamiento**: Cuando un niño enfrenta desafíos y recibe apoyo, pero sin presión excesiva, desarrolla estrategias propias para lidiar con el estrés y la frustración. Esto les permite recuperarse más rápido y ver los desafíos como oportunidades de crecimiento, en lugar de obstáculos insuperables.

Por otro lado, el estudio de Stanford también observó los efectos de las expectativas rígidas y poco realistas en el desarrollo emocional de los niños. Estos padres, aunque bien intencionados, tienden a imponer metas específicas y estándares elevados que, de no cumplirse, provocan una sensación de desaprobación. Los resultados mostraron que los niños que crecen bajo expectativas rígidas corren un riesgo significativamente mayor de experimentar ansiedad, inseguridad y miedo al fracaso. Veamos las conclusiones en este aspecto:

Mayor tendencia a la ansiedad

La ansiedad en los niños puede ser el resultado de la constante presión por alcanzar un estándar alto o cumplir con expectativas que sienten fuera de su control o interés. Cuando un niño siente que debe cumplir con las expectativas de sus padres para ser aceptado o valorado, experimenta un estrés continuo que afecta su bienestar mental.

- **Ansiedad anticipatoria**: Los niños sometidos a expectativas rígidas suelen experimentar ansiedad anticipatoria, es decir, preocupación excesiva por fallar antes de intentarlo siquiera. Esto les provoca una sensación de "parálisis" ante los desafíos y limita su capacidad para asumir riesgos.
- **Autoevaluación constante**: Bajo presión constante, los niños se autoevalúan de manera crítica y sienten que deben alcanzar la perfección para ser valorados. Esta autoexigencia los predispone a la ansiedad, ya que temen no cumplir con los estándares impuestos y enfrentar la desaprobación.

Inseguridad y baja autoestima

Se encontró que los niños criados bajo expectativas rígidas también desarrollan **inseguridad** y una **baja autoestima**. La razón es que estos niños aprenden a medir su valor en función de su capacidad para cumplir con expectativas externas, en lugar de confiar en su propio juicio o en sus logros personales.

- **Comparación constante**: Los niños con expectativas rígidas suelen compararse con otros para determinar si están cumpliendo con el "estándar" que sus padres desean. Esto reduce su autoestima, especialmente si se perciben como "menos exitosos" o "menos capaces" en comparación con otros.

- **Falta de autoconfianza**: Cuando un niño aprende que su valor depende de lo que otros esperan de él, desarrolla una dependencia de la aprobación externa. Esto puede provocar inseguridad e inhibir la capacidad del niño para confiar en su propio juicio, lo que reduce la confianza en sí mismo y en sus decisiones.

3. Miedo al fracaso y evitación de retos

Una consecuencia devastadora de las expectativas poco realistas es el miedo al fracaso. Los niños que temen fallar porque sienten que perderán el cariño o aprobación de sus padres desarrollan una aversión al riesgo, lo que afecta su disposición a enfrentar nuevos desafíos y oportunidades de aprendizaje.

- **Evitación del riesgo**: Los niños con miedo al fracaso tienden a evitar actividades en las que sienten que podrían no cumplir con las expectativas, ya que el temor a "fallar" es demasiado abrumador. Esta evitación reduce sus oportunidades de crecimiento y limita su capacidad para desarrollar habilidades importantes.
- **Menor flexibilidad ante los errores**: Estos niños suelen ver los errores como una amenaza a su valor personal, en lugar de como oportunidades de aprendizaje. Esta mentalidad fija (como la llama Carol Dweck en su teoría de mentalidad de crecimiento) limita su capacidad para adaptarse y crecer ante los desafíos.

Consejos para fomentar un entorno de exploración y apoyo

- **Escucha y respeta sus intereses**: Permite que tu hijo/a explore sus intereses, incluso si no coinciden con tus propias expectativas. La libertad para seguir sus pasiones fomenta la curiosidad y el entusiasmo, elementos clave en el desarrollo emocional saludable.

- **Define metas realistas y alcanzables**: En lugar de imponer expectativas elevadas, ayúdales a establecer metas alcanzables que les den una sensación de logro. Por ejemplo, si tu hijo/a está aprendiendo a tocar un instrumento, establece metas pequeñas como "aprender una canción" en lugar de esperar que toque perfectamente desde el principio.

- **Reconoce el esfuerzo, no solo el resultado**: Elogia el esfuerzo de tu hijo/a independientemente del resultado final. Esto les enseña que el valor reside en el esfuerzo y la perseverancia, y no en un estándar externo de éxito.

- **Normaliza el error y el aprendizaje**: Enséñales que equivocarse es parte del proceso de aprendizaje. Habla abiertamente de tus propios errores y cómo aprendiste de ellos, para que vean el fracaso como una oportunidad de crecimiento, no como una amenaza a su valor.

- **Brinda apoyo sin sobreproteger**: Aunque es importante ofrecer orientación, es igualmente importante que tu hijo/a aprenda a resolver problemas por sí mismo/a. Dale espacio para encontrar soluciones y tomar decisiones en función de sus intereses y habilidades.

Cuando adaptamos nuestras expectativas, damos a nuestros hijos un regalo valioso: el espacio para ser ellos mismos, descubrir sus pasiones y desarrollar sus habilidades de manera auténtica. Esto no solo fortalece su bienestar emocional, sino también su relación contigo, ya que perciben el amor y apoyo incondicional, independientemente de sus logros o de si cumplen o no con tus expectativas.

2. Identifica tus expectativas y reflexiona sobre su origen

Es importante hacer una pausa y reflexionar sobre las expectativas que tienes para tu hijo/a. Pregúntate de dónde vienen estas expectativas. ¿Provienen de tus propias experiencias de infancia? ¿Están influenciadas por la cultura o la sociedad?

A veces, sin darnos cuenta, los padres pueden proyectar en sus hijos sus propias metas no alcanzadas o tratar de vivir a través de ellos.

Consejo práctico:
Tómate un momento para escribir tus expectativas respecto a tu hijo/a. Pregúntate si esas expectativas están alineadas con sus propios intereses y habilidades, o si están más influenciadas por tus propias experiencias y deseos. Ser consciente de estas expectativas y reflexionar sobre su origen es el primer paso para adaptarlas a la realidad de tu hijo/a.

3. Observa y comprende el ritmo de desarrollo de tu hijo/a

Cada niño tiene un ritmo de desarrollo diferente, y lo que puede parecer un "retraso" o "desfase" en comparación con otros niños, en realidad puede ser simplemente su propio ritmo natural. El desarrollo infantil incluye variaciones normales en muchas áreas, como el aprendizaje académico, la habilidad social y la regulación emocional.

Los niños que son presionados para alcanzar hitos de desarrollo antes de estar listos tienden a experimentar más ansiedad y frustración. Al contrario, cuando los padres reconocen y respetan el ritmo de su hijo/a, el niño/a se siente más seguro/a y confiado/a en su proceso de aprendizaje.

Consejo práctico:
En lugar de comparar a tu hijo/a con otros niños de su edad, dedica tiempo a observar sus logros y progreso personal. Celebra sus avances, grandes o pequeños, y reconoce que su desarrollo no tiene que seguir un patrón uniforme. Alienta sus

logros en función de su propio esfuerzo y no solo de los resultados.

4. Ajusta tus metas para ellos en función de sus habilidades e intereses

Una de las mejores maneras de apoyar a tu hijo/a es establecer metas que estén alineadas con sus intereses y habilidades individuales. Esto significa observar de cerca lo que le apasiona y lo que parece disfrutar o sobresalir, en lugar de imponer actividades o metas que podrían no coincidir con su personalidad o talento.

Consejo práctico:
Si a tu hijo/a le apasionan los deportes, quizás en lugar de insistir en que se enfoque exclusivamente en actividades académicas, puedes buscar una combinación que incluya sus intereses deportivos. Lo mismo aplica en el sentido opuesto: si tu hijo/a tiene una inclinación hacia la lectura y la ciencia, en lugar de presionarlo para que participe en actividades deportivas si no le interesan, puedes apoyarlo en el desarrollo de sus intereses intelectuales.

Este tipo de apoyo muestra a tu hijo/a que sus intereses importan y que está bien seguir su propio camino. Además, la teoría de la motivación intrínseca de Edward Deci y Richard Ryan, desarrollada en el marco de la Teoría de la Autodeterminación, propone que las personas son más felices, tienen un mejor desempeño y muestran una mayor perseverancia cuando se dedican a actividades que están alineadas con sus intereses y valores internos, en lugar de motivarse exclusivamente por recompensas externas. Esta teoría es especialmente relevante en la crianza, ya que ayuda a entender cómo podemos fomentar en nuestros hijos un amor genuino por el aprendizaje y el desarrollo personal, en lugar de depender de recompensas externas para motivarlos.

En el contexto infantil, la motivación intrínseca se refiere a cuando un niño realiza una actividad porque le interesa, le divierte o la disfruta, sin necesidad de recompensas externas. Los estudios de Deci y Ryan muestran que los niños que experimentan la motivación intrínseca desarrollan una relación más positiva con las actividades que realizan, ya sea en el ámbito académico, deportivo o artístico. Además, estos niños suelen tener una mayor satisfacción en sus logros y tienden a perseverar incluso ante dificultades, ya que están movidos por un interés genuino que les da significado a sus esfuerzos.

Deci y Ryan identificaron tres necesidades psicológicas fundamentales que deben satisfacerse para fomentar la motivación intrínseca en los niños: la autonomía, la competencia y la relación. Cuando estas tres necesidades están presentes, los niños no solo se sienten más motivados, sino también más capaces de mantener el interés en sus actividades a lo largo del tiempo.

La autonomía se refiere a la sensación de poder tomar decisiones propias y de tener cierto control sobre la actividad. Cuando un niño elige una actividad porque le interesa y no porque se le impone, se siente más autónomo y dueño de su aprendizaje. En la crianza, esto significa permitir que los niños tengan opciones y voz en sus actividades, ya sea eligiendo entre distintos juegos, decidiendo si quieren aprender un deporte específico o explorar una actividad artística. La autonomía no implica la ausencia de orientación, sino dar a los niños la oportunidad de expresarse y elegir, lo cual refuerza su deseo de involucrarse plenamente.

La competencia es la necesidad de sentirse capaz y de experimentar progreso en una actividad. Los niños tienden a disfrutar más de las actividades en las que pueden mejorar con la práctica y ver sus logros. Cuando un niño percibe que está progresando en algo que disfruta, como dibujar, construir con bloques o resolver problemas matemáticos, se fortalece su motivación para continuar. Los padres pueden apoyar esta necesidad de competencia al ofrecer desafíos graduales y reconocer los avances, incluso pequeños, en lugar de centrarse únicamente en los resultados finales. Este tipo de refuerzo promueve el crecimiento continuo, sin generar una dependencia de la aprobación externa.

La relación se refiere a la necesidad de conexión y pertenencia. Los niños necesitan sentir que están en un ambiente de apoyo y cuidado, donde pueden compartir sus intereses y sentirse comprendidos. En el contexto de la motivación intrínseca, los padres pueden fomentar la relación al mostrar interés genuino en las actividades que sus hijos eligen, ofreciéndoles acompañamiento sin imponer expectativas adicionales. Esto fortalece el vínculo entre padres e hijos, ya que los niños perciben que sus padres valoran sus decisiones y están ahí para acompañarlos sin juzgar. Esta conexión fomenta la seguridad emocional, que a su vez alimenta el deseo de explorar y profundizar en las actividades.

Cuando las necesidades de autonomía, competencia y relación están satisfechas, los niños experimentan un tipo de motivación más estable y genuina. Este tipo de motivación les permite perseverar en sus actividades, incluso cuando enfrentan obstáculos, porque el sentido de propósito viene de ellos mismos y no de una fuente externa. Según Deci y Ryan, esta es la clave para desarrollar una motivación duradera, donde los niños encuentran satisfacción en la actividad en sí, sin depender de premios, elogios o recompensas externas.

Un ejemplo típico de cómo esta teoría se aplica en la vida cotidiana es el caso de los niños que muestran interés en un deporte o un arte en particular. Cuando los padres apoyan estos intereses permitiendo que el niño decida cuánto tiempo dedicar, sin imponer expectativas de éxito inmediato o de obtener resultados perfectos, el niño se siente motivado a practicar y mejorar. Si bien es natural que los padres quieran ver a sus hijos lograr metas, es importante recordar que la verdadera pasión y perseverancia en una actividad surge cuando el niño la elige porque le aporta satisfacción personal y no porque está cumpliendo una expectativa.

La teoría de la motivación intrínseca de Deci y Ryan también enfatiza que, aunque las recompensas externas pueden tener un efecto temporal, éstas no fomentan un compromiso sostenido. Si un niño juega al fútbol solo por ganar premios o la aprobación de sus padres, puede que eventualmente pierda el interés si no logra esas recompensas externas. En cambio, cuando juega porque realmente disfruta el deporte y percibe su propio progreso, es más probable que continúe practicando a pesar de las dificultades o los reveses.

5. Aborda el fracaso como una oportunidad, no como un reflejo de expectativas incumplidas

Es natural que los padres quieran ver a sus hijos triunfar, pero también es crucial que los niños aprendan a lidiar con el fracaso de manera saludable. Si un niño siente que está constantemente "fallando" en cumplir con las expectativas de sus padres, puede desarrollar un miedo al fracaso, que a menudo lleva a la ansiedad y baja autoestima. En cambio, si los padres ven el fracaso como una oportunidad para aprender, ayudan a los niños a desarrollar resiliencia y mentalidad de crecimiento.

La psicóloga Carol Dweck, pionera en la investigación de la mentalidad de crecimiento, ha transformado nuestra comprensión sobre cómo el enfoque que los niños tienen hacia el aprendizaje, el esfuerzo y el fracaso impacta profundamente en su desarrollo y éxito a lo largo de la vida. Su teoría de la mentalidad de crecimiento establece que la forma en que percibimos nuestras habilidades –como algo maleable o fijo– influye en cómo enfrentamos los desafíos, el esfuerzo que ponemos en mejorar y nuestra capacidad para recuperarnos del fracaso.

Dweck define dos tipos de mentalidades en su investigación: la mentalidad fija y la mentalidad de crecimiento. Los niños con una mentalidad fija creen que sus habilidades y talentos son inmutables y están determinados desde el nacimiento, lo que significa que se ven a sí mismos como inteligentes o no, buenos en algo o no. En cambio, los niños con una mentalidad de crecimiento creen que sus habilidades y talentos pueden desarrollarse con esfuerzo, práctica y dedicación. Según Dweck, esta creencia en la capacidad de crecer y mejorar es esencial para el éxito a largo plazo, ya que permite a los niños ver el fracaso como una oportunidad de aprendizaje, en lugar de como una evaluación definitiva de su valor o capacidad.

Mentalidad de Crecimiento y Resiliencia ante el Fracaso

Uno de los descubrimientos más importantes de Dweck es que los niños con una mentalidad de crecimiento son mucho más resilientes ante los fracasos y desafíos. La mentalidad de crecimiento fomenta una percepción positiva del fracaso, donde los errores se interpretan como una parte normal del proceso de aprendizaje y una oportunidad para mejorar. Esto significa que, en lugar de verse a sí mismos como "fracasados" al cometer errores, los niños aprenden a ver cada desafío como un peldaño en su camino hacia el dominio de una habilidad.

Dweck realizó numerosos estudios en los que observó cómo los niños respondían a tareas difíciles. En un experimento clásico, les pidió a estudiantes de primaria que completaran problemas de matemáticas. Algunos problemas eran extremadamente difíciles, diseñados para ser frustrantes. Los niños con mentalidad de crecimiento mostraron una mayor disposición a perseverar en la tarea y expresaron pensamientos como "Esto es interesante" o "Voy a descubrir cómo resolverlo". En contraste, los niños con mentalidad fija reaccionaron negativamente ante la dificultad, viendo la tarea como una amenaza a su inteligencia y su valor personal.

Este enfoque positivo hacia el fracaso no solo mejora la resiliencia de los niños, sino que también incrementa su autoconfianza. Saben que, aunque no logren resolver un problema en el momento, tienen la capacidad de aprender de sus errores y mejorar con el tiempo. Este tipo de mentalidad los prepara para enfrentar desafíos en cualquier área de la vida, ya que no temen el esfuerzo y están dispuestos a invertir tiempo y energía en mejorar.

En el ámbito académico, la mentalidad de crecimiento se ha demostrado como un factor clave en el desempeño y el progreso a largo plazo. Cuando los niños creen que su inteligencia y habilidades pueden desarrollarse, se sienten más motivados a aprender y a esforzarse, ya que no ven su desempeño como una prueba de su capacidad innata, sino como una fase en su crecimiento. Esto contrasta con los niños con mentalidad fija, quienes tienden a evitar tareas difíciles por miedo a demostrar una "falta" de capacidad.

Los estudios de Dweck también han mostrado que los estudiantes con una mentalidad de crecimiento suelen obtener mejores calificaciones y tienen más probabilidades de continuar su educación a niveles superiores, ya que valoran el proceso de aprendizaje y la superación personal. Dweck explica que estos estudiantes desarrollan un enfoque en el "proceso" en lugar de en el "resultado". Ven el esfuerzo, la estrategia y la persistencia como elementos esenciales para mejorar, lo que les permite abordar el aprendizaje de manera profunda y efectiva.

El Rol de los Padres y los Educadores en el Desarrollo de la Mentalidad de Crecimiento

Los padres y educadores juegan un papel fundamental en el desarrollo de la mentalidad de crecimiento en los niños. Dweck enfatiza que una de las formas más efectivas de fomentar esta mentalidad es elogiar el esfuerzo y no solo los resultados. Cuando los adultos elogian a los niños únicamente por sus logros ("Eres muy inteligente" o "Eres el mejor"), los niños tienden a desarrollar una mentalidad fija, creyendo que su valor depende de un éxito constante y sin errores.

En cambio, cuando los padres y educadores elogian el proceso, como el esfuerzo, la perseverancia o las estrategias utilizadas ("Me gusta cómo intentaste diferentes maneras de resolver este problema" o "Veo cuánto te has esforzado en esta tarea"), los niños aprenden que el esfuerzo y la constancia son aspectos clave para mejorar. Esto les ayuda a adoptar una visión de sí mismos como aprendices en crecimiento que tienen el poder de mejorar y desarrollar nuevas habilidades, independientemente de sus éxitos o fracasos actuales.

Dweck también destaca que es importante normalizar el error y mostrar cómo aprender de los fracasos. Los niños que aprenden que los errores son naturales y que no afectan su valor personal están más dispuestos a intentar cosas nuevas sin miedo a equivocarse. Los padres y maestros pueden modelar esta actitud hablando de sus propios fracasos y cómo aprendieron de ellos.

Por ejemplo, un padre puede decir: "Recuerdo cuando me equivoqué en un proyecto en el trabajo. Me frustré, pero luego descubrí cómo mejorarlo y aprendí mucho en el proceso". Esto da a los niños un ejemplo de cómo los adultos también enfrentan dificultades y cómo los errores son parte del aprendizaje.

Implicaciones a Largo Plazo de una Mentalidad de Crecimiento

Dweck ha demostrado que los niños que desarrollan una mentalidad de crecimiento tienen una mayor capacidad para enfrentar los desafíos de la vida en la adultez. Al comprender que el fracaso no es definitivo ni una etiqueta de su capacidad, estos niños se convierten en adultos con mayor disposición a adaptarse, aprender y mejorar. Esta mentalidad se convierte en una ventaja significativa en cualquier ámbito de la vida, desde las relaciones hasta la carrera profesional.

La mentalidad de crecimiento no solo favorece el desarrollo académico y personal, sino que también incrementa la satisfacción y el bienestar emocional. Los adultos con mentalidad de crecimiento suelen tener una visión positiva de sus habilidades y un enfoque constructivo hacia los problemas, lo que disminuye el miedo al fracaso y la ansiedad, factores que comúnmente frenan el éxito personal y profesional.

Consejo práctico:

Cuando tu hijo/a enfrente un fracaso, en lugar de mostrar decepción o reforzar una expectativa incumplida, ayúdalo/a a ver el error como una oportunidad de aprendizaje. Puedes decir algo como: "No pasa nada, todos cometemos errores. ¿Qué podrías intentar de diferente la próxima vez?". Esto le enseña que el valor no reside en ser perfecto, sino en el esfuerzo y el crecimiento personal.

6. Fomenta la autocomparación en lugar de la comparación con otros

Una estrategia clave para adaptar tus expectativas a la realidad de tu hijo/a es fomentar que se compare consigo mismo/a en lugar de con otros. Los niños se desarrollan a ritmos diferentes y tienen talentos distintos. Cuando los niños aprenden a ver su propio progreso y no el de los demás, desarrollan una autoestima más sólida y una actitud más positiva hacia el crecimiento personal.

Consejo práctico:

En lugar de decir "¿Por qué no eres tan bueno en matemáticas como tu hermano?" puedes decir: "Mira cuánto has mejorado en matemáticas desde el mes pasado". Esto no solo refuerza el esfuerzo y el progreso, sino que también ayuda a tu hijo/a a concentrarse en sus propios logros.

Este enfoque de autocomparación evita la presión de "competir" con otros y en su lugar motiva a tu hijo/a a superarse a sí mismo/a, lo cual es una habilidad fundamental en la vida adulta.

7. Acepta a tu hijo/a tal y como es, y exprésalo

Los niños necesitan saber que son amados y aceptados tal como son. La aceptación no significa que no haya lugar para el crecimiento o la mejora, sino que el amor y el apoyo de sus padres son incondicionales. Este tipo de aceptación es fundamental para su bienestar emocional y para desarrollar una autoestima saludable.

La Universidad de Minnesota llevó a cabo un estudio extenso que reveló la importancia de la aceptación incondicional de los padres en el desarrollo de la seguridad y el sentido de valor propio en los niños. Este estudio mostró que los niños que sienten el amor y la aceptación de sus padres de forma incondicional -sin importar sus logros o fracasos- tienden a desarrollar una mayor seguridad en sí mismos. Además, esta base emocionalmente segura y de autoestima no solo influye en la niñez, sino que tiene efectos positivos que perduran hasta la adultez, ayudando a los individuos a enfrentar la vida con confianza y resiliencia.

Aceptación Incondicional y Seguridad en Uno Mismo

La aceptación incondicional significa que los padres valoran y aman a sus hijos independientemente de sus éxitos, habilidades o incluso sus errores. En el estudio de la Universidad de Minnesota, se observó que los niños que perciben este tipo de aceptación sienten una **seguridad emocional profunda**. Esto se debe a que entienden que su valor no depende de cumplir con expectativas específicas o de recibir elogios por logros específicos. En lugar de esto, se sienten seguros de que son dignos de amor y respeto simplemente por quienes son.

Este tipo de aceptación fomenta una base sólida de confianza en uno mismo. Los niños desarrollan una autoconfianza interna que no depende de factores externos o de la aprobación de los demás. Saben que tienen un valor intrínseco que no cambia por circunstancias externas, como los éxitos o los fracasos en la escuela, los deportes o cualquier otra actividad. Este tipo de seguridad permite a los niños sentirse más libres de explorar, experimentar y enfrentarse a nuevos desafíos sin miedo a ser rechazados o perder el amor de sus padres.

Aceptación Incondicional y Valor Propio Duradero

Los investigadores también encontraron que los niños que experimentan la aceptación incondicional de sus padres desarrollan un sentido de valor propio que se convierte en una parte central de su identidad. Este sentido de valor propio implica reconocer que son merecedores de respeto, afecto y amor, independientemente de sus habilidades, talentos o logros específicos. A diferencia de los niños que basan su autoestima en factores externos, los que experimentan un valor propio basado en la aceptación incondicional tienden a tener una autoestima más estable y resiliente.

El estudio de la Universidad de Minnesota mostró que esta percepción de valor propio perdura hasta la adultez, protegiendo a las personas de depender en exceso de la validación externa. Esto les permite formar relaciones más saludables y balanceadas, ya que no necesitan la constante aprobación de los demás para sentirse seguros. Además, cuando enfrentan críticas o desafíos, estos individuos tienden a mantener su autoestima intacta, ya que su sentido de valor no está sujeto a las opiniones externas o a los logros circunstanciales.

Implicaciones Psicológicas de la Aceptación Incondicional en la Adultez

Uno de los hallazgos más interesantes del estudio fue que los efectos de la aceptación incondicional se extienden y se consolidan en la adultez. Los adultos que experimentaron este tipo de aceptación en la infancia tienden a presentar mayor estabilidad emocional y una resiliencia superior ante el estrés y las dificultades de la vida. Además, tienen una autocompasión que les permite enfrentar sus propios errores con comprensión, sin caer en la autocrítica excesiva o el perfeccionismo.

Estas personas suelen mostrar una mayor capacidad de autorreflexión y tienden a ver los errores o fracasos como oportunidades de crecimiento, en lugar de como amenazas a su valor personal. Al haber crecido en un ambiente donde fueron aceptados sin condiciones, desarrollan una autopercepción que les permite ver sus fortalezas y debilidades con objetividad, sin necesidad de idealizarse ni de denigrarse.

El Rol de los Padres en Fomentar la Aceptación Incondicional

El estudio de la Universidad de Minnesota destacó varios comportamientos específicos de los padres que ayudan a los niños a sentir una aceptación incondicional y a desarrollar una autoestima sólida y perdurable.

- **Demostrar afecto constante**: La investigación mostró que los niños que reciben muestras de afecto de sus padres, como abrazos, palabras de cariño y gestos de apoyo, desarrollan un vínculo emocional fuerte que refuerza su sensación de valor personal. Este afecto no debe depender del comportamiento o de los logros del niño, sino ser un reflejo de su valor intrínseco.
- **Escuchar sin juzgar**: Los padres que practican una **escucha activa y empática** ayudan a sus hijos a sentirse comprendidos y aceptados. Cuando los niños saben que pueden expresar sus emociones y pensamientos sin miedo a ser juzgados, sienten que su perspectiva es valiosa. Este tipo de comunicación fortalece el vínculo emocional y fomenta la autoconfianza.
- **Validar las emociones del niño**: La validación de las emociones es crucial para que los niños entiendan que sus sentimientos son normales y dignos de respeto. Frases como "Es normal sentirse triste a veces" o "Puedo ver que eso te hizo sentir frustrado" ayudan a los niños a

aceptar sus propias emociones sin sentirse avergonzados. Esto les permite desarrollar una relación sana con sus emociones, entendiendo que sus sentimientos no afectan su valor personal.

- **Fomentar una mentalidad de crecimiento**: Aunque la aceptación incondicional implica amor sin condiciones, no significa que los padres deban evitar guiar o ayudar a sus hijos a mejorar. Alentar una **mentalidad de crecimiento**, donde los errores y los fracasos se ven como oportunidades para aprender, refuerza la idea de que el valor de una persona no depende de sus éxitos, sino de su capacidad para aprender y mejorar.

- **Evitar comparaciones con otros**: Los padres que evitan comparar a sus hijos con otros, ya sean hermanos, compañeros o amigos, ayudan a los niños a construir una identidad única y a sentirse valorados por quienes son. Las comparaciones tienden a hacer que los niños duden de su propio valor y busquen constantemente la aprobación externa para sentirse valiosos.

Impacto a Largo Plazo de la Aceptación Incondicional en la Vida Adulta

A largo plazo, los individuos que experimentaron una aceptación incondicional durante la infancia tienden a ser adultos con una mayor independencia emocional. Saben que no necesitan cumplir con estándares externos o adaptarse a las expectativas de los demás para sentirse valiosos, lo cual les permite tomar decisiones basadas en sus propios valores e intereses. Esto no solo fortalece su sentido de identidad, sino que también los hace menos vulnerables a la influencia negativa de la presión social.

Además, esta aceptación temprana facilita la formación de relaciones saludables. Al no depender de la validación constante de su pareja, amigos o colegas, estos adultos pueden establecer relaciones basadas en el respeto mutuo y la autenticidad. La aceptación incondicional les permite experimentar amor y conexión sin caer en la dependencia emocional o en la búsqueda desesperada de aprobación. Esto no solo contribuye a su bienestar personal, sino que también crea un ambiente emocionalmente sano en sus relaciones familiares y de pareja.

Finalmente, la aceptación incondicional también contribuye al bienestar emocional en general, ya que estos adultos suelen tener una visión más compasiva de sí mismos y de los demás. Son capaces de aceptar sus errores y limitaciones sin castigarse, lo cual promueve un ciclo de aprendizaje constante y les permite adaptarse mejor a los desafíos de la vida.

Consejo práctico:
Exprésale regularmente a tu hijo/a que lo/a amas y valoras por quien es, no solo por lo que hace o logra. Frases como "Me hace feliz verte ser tú mismo/a" o "Estoy orgulloso/a de ti por ser tan auténtico/a" pueden hacer una gran diferencia en cómo se percibe tu hijo/a y cómo enfrenta sus propios retos.

Capítulo 2: Construyendo vínculos fuertes

Tiempo de calidad vs. cantidad de tiempo: ¿Qué importa más?

En la vida moderna, donde las responsabilidades y las ocupaciones diarias ocupan gran parte de nuestro tiempo, los padres suelen debatirse entre dedicar más tiempo a sus hijos o asegurarse de que el tiempo que pasan juntos sea de calidad. Esta distinción entre tiempo de calidad y cantidad de tiempo ha sido objeto de numerosos estudios, y la conclusión es clara: la calidad del tiempo que los padres pasan con sus hijos tiene un impacto más significativo en el desarrollo emocional, social y psicológico que la cantidad de horas dedicadas sin un propósito claro.

El tiempo de calidad se refiere a aquellos momentos en los que los padres están emocionalmente presentes y conectados con sus hijos, dedicando atención plena a actividades que fomentan el vínculo, la confianza y el apoyo emocional. Esto implica crear experiencias significativas donde los niños sientan que son valorados y escuchados. Vamos a analizar cómo el tiempo de calidad supera a la cantidad de tiempo y cómo puedes aprovechar mejor cada momento con tus hijos para construir un vínculo fuerte y duradero.

¿Por qué es más importante el tiempo de calidad que la cantidad de tiempo?

El psicólogo infantil Ross Campbell ha profundizado en el concepto de presencia emocional en la relación entre padres e hijos, explicando que lo que verdaderamente fortalece el vínculo y la seguridad emocional en los niños no es solo la cantidad de tiempo que los padres pasan con ellos, sino la calidad de esa presencia, es decir, la disposición emocional y el compromiso de los padres durante esos momentos compartidos. Campbell argumenta que los niños necesitan una presencia emocional genuina, donde se sientan valorados, escuchados y amados de manera activa.

En su investigación, Campbell descubrió que cuando los padres están físicamente presentes pero emocionalmente ausentes, los beneficios de pasar tiempo juntos se reducen considerablemente. En otras palabras, el simple hecho de estar en la misma habitación que el niño no es suficiente para generar una conexión significativa. Esto ocurre con frecuencia cuando los padres están distraídos, ocupados en sus teléfonos o preocupados por el trabajo, o cuando muestran un interés superficial en lo que el niño está haciendo. Aunque están físicamente allí, la falta de conexión emocional deja al niño sintiéndose desconectado y poco valorado.

La Diferencia entre Presencia Física y Presencia Emocional

Según Campbell, la presencia física significa simplemente estar al alcance del niño, sin una verdadera intención de conectar emocionalmente. La presencia emocional, en cambio, implica estar realmente atento y comprometido en el momento, mostrando un interés genuino por el bienestar y las necesidades emocionales del niño. Los niños, incluso desde una edad temprana, pueden percibir si los padres están verdaderamente presentes o si solo están físicamente allí pero con la mente en otra parte. Esto se refleja en su comportamiento y en la manera en que buscan la atención de sus padres, a veces incluso adoptando conductas más "llamativas" o demandantes con tal de lograr una conexión genuina.

Para Campbell, la presencia emocional es una necesidad esencial en el desarrollo infantil. Los niños no solo necesitan saber que sus padres los aman, sino también sentirlo a través de interacciones significativas. Cuando un niño experimenta una presencia emocional genuina, se siente visto y valorado, lo que le proporciona una base sólida de autoestima y seguridad emocional.

El Impacto de la Presencia Emocional en el Desarrollo Infantil

La investigación de Campbell subraya que la presencia emocional tiene un impacto positivo en múltiples áreas del desarrollo infantil, como la autoestima, la inteligencia emocional y la capacidad para formar relaciones seguras. Los niños que experimentan una conexión emocional sólida con sus padres tienden a desarrollar una autoestima más alta, ya que perciben que son importantes y valiosos para sus figuras de apego.

- **Autoestima**: La autoestima en los niños se construye en gran medida a través de la relación con sus padres. La presencia emocional les ayuda a sentir que su valor no está relacionado con logros específicos, sino con quienes son. Cuando los padres están emocionalmente presentes, los niños perciben que merecen el tiempo y la atención de sus padres, lo que fortalece su sentido de valía personal.
- **Inteligencia emocional**: La capacidad de regular y comprender las emociones se desarrolla a partir de experiencias de interacción emocional. Cuando los padres están presentes emocionalmente, enseñan a sus

hijos cómo gestionar sus emociones, validando sus sentimientos y ayudándoles a expresarlos de manera saludable. Esto también les permite aprender a identificar sus propias emociones y las de los demás, fortaleciendo su capacidad de empatía y de adaptación social.

- **Relaciones seguras**: La presencia emocional de los padres proporciona a los niños un modelo de relaciones seguras y respetuosas. Estos niños tienden a establecer vínculos más estables con otras personas, ya que han aprendido a confiar en los demás y a valorarse a sí mismos. En cambio, la falta de presencia emocional en la infancia puede dar lugar a inseguridades en las relaciones y a un deseo constante de búsqueda de validación externa.

Momentos Breves pero Significativos

Uno de los aportes más valiosos de Campbell es la idea de que los momentos breves, pero cargados de intención y conexión, pueden tener un impacto mucho mayor que pasar largos períodos de tiempo juntos sin una verdadera atención emocional. Campbell afirma que incluso unos pocos minutos al día de atención plena y cariño pueden dejar una huella profunda en el niño. Durante esos momentos, el niño recibe el mensaje de que su padre o madre está completamente presente para él o ella, y se siente validado, importante y amado.

Para aprovechar al máximo estos momentos, Campbell recomienda a los padres que, en lugar de tratar de pasar "mucho tiempo" con sus hijos, se enfoquen en que el tiempo compartido sea significativo. Esto puede incluir:

- **Escucha activa**: Dedicar tiempo a escuchar a los niños sin interrumpirlos o juzgarlos. Cuando un niño siente que sus padres realmente escuchan lo que tiene que decir, se siente valorado y seguro para expresar sus pensamientos y emociones.

- **Contacto visual y físico**: Pequeños gestos de afecto, como el contacto visual, un abrazo o una sonrisa, transmiten seguridad y afecto. Estos gestos no requieren mucho tiempo, pero tienen un impacto emocional poderoso en los niños.
- **Actividades conjuntas**: Realizar actividades en las que ambos se involucren de manera activa, como leer juntos, jugar o trabajar en una manualidad, fomenta la conexión y crea recuerdos significativos.

Consecuencias de la Falta de Presencia Emocional

La ausencia de una presencia emocional auténtica en la infancia puede tener consecuencias en el desarrollo emocional del niño. Campbell encontró que los niños que crecen en hogares donde los padres están presentes físicamente, pero emocionalmente ausentes, suelen experimentar sentimientos de **soledad y desconexión**. Estos niños tienden a tener una mayor necesidad de aprobación externa y a desarrollar inseguridades, ya que no han experimentado un apego emocional profundo y consistente.

Además, la falta de presencia emocional puede llevar a que los niños busquen otras fuentes de validación fuera del hogar, lo que puede hacerlos más vulnerables a influencias negativas en la adolescencia y adultez. También tienden a desarrollar una autoestima más **baja** y una mayor dificultad para gestionar sus emociones de manera saludable, ya que no tuvieron la oportunidad de aprender esas habilidades en el hogar.

Cómo Cultivar la Presencia Emocional en la Vida Cotidiana

Para los padres, la idea de la presencia emocional puede parecer compleja, especialmente en medio de las ocupaciones diarias. Sin embargo, Campbell ofrece varias estrategias para asegurar que cada momento compartido con los hijos sea una oportunidad de conexión emocional genuina:

- **Establece tiempos específicos para conectar**: Designar momentos del día para estar exclusivamente con el niño, incluso si son solo diez minutos, puede hacer una gran diferencia. Durante esos momentos, evita distracciones y enfócate completamente en el niño.
- **Evita la multitarea cuando estás con tus hijos**: La multitarea puede impedir que estés emocionalmente presente. Al evitarla, puedes crear un espacio donde el niño sienta que tiene toda tu atención y que es una prioridad en tu vida.
- **Haz preguntas abiertas y escucha sin juzgar**: En lugar de interrogar al niño sobre su día, haz preguntas abiertas y permite que él o ella dirija la conversación. Escucha atentamente y muestra interés genuino en lo que dice, sin intentar corregirlo o criticarlo.
- **Expresa afecto físico y verbal regularmente**: Decir "te quiero", dar abrazos, hacerle saber que es importante, y demostrarle cariño de manera verbal y física es una forma sencilla de cultivar la presencia emocional y hacer que el niño se sienta valorado.

Por otro lado, la psicóloga infantil Suniya Luthar también encontró que el tiempo de calidad tiene un impacto directo en el bienestar emocional de los niños. En su estudio, demostró que los niños que pasan al menos algunos minutos al día en actividades significativas y en conexión emocional con sus padres muestran niveles más altos de autoestima y seguridad emocional. Estos momentos fortalecen la sensación de pertenencia y amor en el niño, y le permiten sentirse apoyado y valorado, lo que es fundamental para desarrollar una base emocional segura.

Características del tiempo de calidad

El tiempo de calidad no tiene que ser un evento especial o un gran acontecimiento; se trata más bien de la intención y atención que pones en los momentos que compartes con tu hijo/a. Algunas características que definen el tiempo de calidad incluyen:

- **Presencia plena**: Esto significa estar completamente presente, sin distracciones. Dejar el teléfono, apagar la televisión y concentrarte en la actividad o conversación que estás compartiendo con tu hijo/a. La presencia plena transmite el mensaje de que tu hijo/a es importante y que merece tu tiempo y atención.
- **Escuchar sin juicios**: Cuando pasas tiempo con tu hijo/a, una parte fundamental del tiempo de calidad es escucharlo/a de manera activa y sin juzgarlo. Pregunta sobre su día, sus pensamientos o sentimientos, y permite que se exprese sin interrupciones ni críticas. Este tipo de escucha promueve la confianza y refuerza la conexión emocional.
- **Interés genuino**: Los niños pueden detectar cuándo un padre está fingiendo interés, así que muestra un interés genuino en sus actividades, preguntas o juegos. Juega a lo que él/ella quiera jugar, interésate en sus pasatiempos, y participa activamente en las actividades que le gustan. Esto no solo fortalece el vínculo, sino que también hace que el niño/a se sienta valorado/a.

- **Afecto físico y verbal**: El tiempo de calidad también se caracteriza por el afecto, ya sea mediante palabras de cariño o con gestos físicos como abrazos, sonrisas y miradas. Estos gestos no solo refuerzan el vínculo, sino que también crean un ambiente seguro donde el niño/a se siente amado/a.

Ejemplos prácticos de tiempo de calidad

A veces, el concepto de "tiempo de calidad" puede parecer abstracto, pero en realidad, puede integrarse en la rutina diaria de una manera sencilla y significativa.

Estos son algunos ejemplos prácticos de cómo puedes aprovechar momentos de calidad con tus hijos:

- **Leer juntos antes de dormir**: Compartir un cuento o leer un capítulo de un libro cada noche puede convertirse en una rutina especial. No solo es una forma de fomentar el hábito de la lectura, sino que también es un momento íntimo donde puedes conversar sobre lo que están leyendo y conectar emocionalmente.
- **Cocinar juntos**: Las actividades cotidianas, como cocinar, pueden convertirse en una experiencia de aprendizaje y vínculo. Involucrar a tu hijo/a en la preparación de una comida no solo le enseña habilidades prácticas, sino que también les brinda un tiempo de conexión y colaboración.
- **Salir a caminar o andar en bicicleta**: Salir a caminar o dar un paseo en bicicleta sin distracciones es una excelente manera de pasar tiempo de calidad. Es una oportunidad para que conversen sobre su día o simplemente disfruten de la naturaleza juntos.
- **Juegos de mesa o actividades recreativas**: Los juegos de mesa y otras actividades recreativas fomentan la

interacción y el trabajo en equipo. Estos momentos de diversión y cooperación pueden fortalecer el vínculo y proporcionar un espacio para relajarse y disfrutar sin presión.

Tiempo de cantidad: ¿Cuándo es necesario?

Aunque el tiempo de calidad es fundamental, no podemos negar que la cantidad de tiempo también es importante, especialmente en ciertos contextos. En los primeros años de vida, por ejemplo, los niños necesitan una cantidad significativa de tiempo con sus padres para desarrollar un vínculo de apego seguro. Este tiempo no necesariamente tiene que estar lleno de actividades especiales, pero la presencia constante de los padres en la vida de sus hijos durante los primeros años proporciona una base sólida para su desarrollo emocional.

A medida que los niños crecen, el tiempo en cantidad puede ayudar a establecer rutinas familiares que refuerzan los lazos y la seguridad emocional. Esto incluye comidas familiares, momentos de estudio compartido o incluso actividades sencillas como limpiar la casa juntos. Si bien estos momentos pueden parecer ordinarios, la cantidad de tiempo juntos en actividades cotidianas genera un sentido de pertenencia y continuidad que contribuye a fortalecer el vínculo familiar.

Expresar amor y afecto: ¿Cómo hacerlo sin que suene forzado?

Expresar amor y afecto a los hijos es esencial para construir un vínculo fuerte, lleno de confianza y seguridad emocional. Sin embargo, muchos padres se enfrentan a un dilema: ¿cómo demostrar amor de una manera que no se sienta forzada o artificial?

Aunque decir "te quiero" o dar un abrazo son gestos que todos reconocemos como muestras de afecto, la forma en que se expresan y la frecuencia con la que se hacen pueden marcar la diferencia entre una demostración auténtica y una que suene o parezca forzada. La clave para expresar amor y afecto de manera auténtica está en comprender los **lenguajes de amor** de los niños y en encontrar formas de mostrar ese amor en el día a día de manera natural y sincera. Los niños son increíblemente sensibles a las emociones de sus padres y pueden notar cuando una expresión de afecto se siente como una obligación en lugar de un deseo genuino de conexión.

Existen formas de expresar amor de manera auténtica y efectiva, basándonos en el respeto a la individualidad del niño y en la creación de un ambiente emocional seguro y afectuoso.

1. Entender el lenguaje de amor de tu hijo/a

Cada niño tiene una manera única de recibir y sentir el amor. El autor **Gary Chapman**, en su libro "Los cinco lenguajes del amor", explica que las personas, incluidos los niños, tienden a tener diferentes "lenguajes" a través de los cuales perciben el afecto. Estos lenguajes incluyen:

- **Palabras de afirmación**: Algunos niños responden mejor cuando se les dice verbalmente lo que significan para sus padres, mediante palabras de aliento, elogios y expresiones de amor como "te quiero".
- **Tiempo de calidad**: Otros niños valoran pasar tiempo juntos sin distracciones. Para ellos, la presencia y la atención plena de sus padres son las mayores muestras de afecto.

- **Contacto físico**: Para algunos, los abrazos, besos y otras formas de contacto físico son esenciales para sentirse amados y seguros.
- **Actos de servicio**: Algunos niños perciben el amor cuando sus padres realizan actos que demuestran cuidado, como ayudar con algo que les resulta difícil o preparar su comida favorita.
- **Regalos significativos**: Aunque los regalos pueden parecer triviales, para ciertos niños, recibir pequeños detalles significa mucho porque sienten que fueron pensados con cariño.

Identificar el lenguaje de amor de tu hijo/a te permitirá adaptar la forma en que expresas tu afecto para que sea más significativa. No es necesario que te limites a un solo lenguaje; muchos niños responden positivamente a varios. Sin embargo, conocer sus preferencias te ayudará a crear una **conexión auténtica** y a demostrarles amor de una manera que resuene profundamente en ellos.

2. Expresiones verbales de amor: Ser específico y genuino

Las palabras son una de las maneras más directas de expresar amor, pero para que suenen auténticas y no forzadas, es importante que sean **genuinas y específicas**. En lugar de decir simplemente "te quiero" o "estoy orgulloso de ti", trata de añadir detalles que reflejen tu observación y aprecio por quién es tu hijo/a y lo que hace.

- **Sé específico**: En lugar de decir "eres genial", podrías decir: "Me encanta ver cómo ayudas a tus amigos cuando lo necesitan" o "Estoy orgulloso de la paciencia que tuviste al resolver ese problema". Esto no solo muestra que estás prestando atención, sino que también ayuda a tu hijo/a a comprender por qué lo/la valoras.

- **Muestra interés genuino**: Haz comentarios sobre las cosas que a tu hijo/a le apasionan, como sus pasatiempos o logros, y exprésale cuánto disfrutas verlo/a hacer lo que ama. Decir algo como: "Es genial ver lo mucho que te diviertes pintando" o "Disfruto mucho cuando me cuentas sobre los libros que estás leyendo" son expresiones de afecto que surgen de tu interés sincero.

- **Utiliza palabras que transmitan aceptación**: Los niños quieren sentirse aceptados por sus padres tal como son. Expresiones como "Me hace feliz verte ser tú mismo/a" o "Eres muy especial para mí" ayudan a transmitir un amor incondicional, lo cual fortalece su autoestima.

3. Expresiones no verbales: Cuando el amor se muestra con acciones

Las acciones pueden ser una manera poderosa de expresar amor, y muchas veces, estos gestos no requieren palabras. Para algunos niños, estas demostraciones no verbales pueden incluso ser más significativas que las palabras. A continuación, algunas maneras de expresar amor mediante gestos y acciones.

- **Contacto físico**: Los abrazos, caricias en la cabeza o simples gestos de cercanía como sentarse juntos mientras miran una película o mientras leen un libro, son maneras de expresar afecto que no requieren palabras. El contacto físico ayuda a que el niño se sienta seguro y conectado emocionalmente.

- **Actos de servicio**: Ayudar a tu hijo/a en algo que le cuesta o prepararle un desayuno especial son pequeños actos que demuestran que estás dispuesto/a a hacer cosas por él/ella. Este tipo de gestos pueden decir "me importas" de una manera que es tangible y fácil de entender para el niño.

- **Compartir actividades significativas**: A veces, hacer algo juntos es la mejor manera de demostrar afecto. Participar en sus actividades favoritas, como jugar un juego de mesa o hacer una actividad al aire libre, refuerza el vínculo de una forma relajada y sin presiones.

4. Escucha activa: El poder de escuchar con atención

A menudo, una de las maneras más poderosas de mostrar amor es simplemente **escuchar con atención**. Los niños desean ser escuchados y sentir que lo que tienen que decir es importante. Cuando los padres practican la escucha activa, están expresando amor sin necesidad de palabras grandilocuentes. Esta atención genuina refuerza la confianza y permite que los niños se sientan valorados.

- **Evita interrumpir y muestra interés**: Dale a tu hijo/a la oportunidad de hablar sin interrumpir, y asegúrate de mostrarle que estás interesado/a en lo que dice. Hacer preguntas sobre lo que te cuenta o reflejar sus palabras ayuda a que se sienta escuchado/a y comprendido/a.
- **Mantén el contacto visual**: El contacto visual refuerza la conexión y demuestra que estás completamente presente en el momento. Esto es especialmente importante cuando un niño está compartiendo algo importante o personal. Sabe que cuentas con toda tu atención, lo cual le demuestra que su perspectiva es valiosa para ti.

5. Ser constante y equilibrado: No exagerar ni forzar los gestos de amor

A veces, los padres pueden preocuparse tanto por mostrar amor que sus expresiones pueden parecer excesivas o poco naturales. Es importante que el amor y el afecto se demuestren de manera **equilibrada y constante** en el día a día, sin una sobrecarga que podría hacer que el niño se sienta abrumado o desconectado. Los niños valoran la consistencia y el equilibrio en las muestras de afecto; de esta manera, perciben el amor de sus padres como algo estable y seguro.

- **Evita las exageraciones**: Demasiados elogios o un exceso de demostraciones pueden hacer que el niño sienta que debe actuar o comportarse de cierta manera para merecer el amor de sus padres. En cambio, muestra tu amor de manera natural y en momentos específicos que realmente lo ameriten, como después de un logro o cuando necesita consuelo.

- **Crea una rutina de afecto**: Introducir muestras de cariño en la rutina diaria es una forma de demostrar amor sin que se sienta forzado. Un beso de buenas noches, una sonrisa por la mañana o un abrazo antes de la escuela son gestos que, aunque pequeños, refuerzan constantemente el vínculo sin sentirse artificiales.

6. Practicar el amor incondicional: Amar sin condiciones

El amor incondicional es el núcleo de la conexión emocional profunda y es fundamental para que el niño desarrolle un sentido de valía propio que no dependa de sus éxitos o fracasos. Este tipo de amor se demuestra al estar ahí para el niño incluso cuando comete errores o enfrenta dificultades. Para que el amor sea auténtico, es importante que los niños sepan que son amados sin condiciones.

- **Apoya sin juzgar**: Si tu hijo/a enfrenta un error o se siente frustrado/a, muestra empatía en lugar de juicios. Expresiones como "Sé que es difícil, pero estoy aquí para ayudarte" o "No importa lo que pase, siempre puedes contar conmigo" refuerzan el amor incondicional.

- **Elogia el esfuerzo, no solo los resultados**: Asegúrate de valorar no solo los logros, sino también el esfuerzo y la perseverancia, sin importar el resultado. Esto muestra que el amor y el orgullo que sientes por tu hijo/a no dependen de que siempre gane o sobresalga, sino de su esfuerzo y dedicación.

Cómo crear un ambiente seguro y lleno de confianza

Un ambiente seguro y lleno de confianza es la base de cualquier relación sólida entre padres e hijos. Cuando los niños crecen en un entorno donde se sienten emocionalmente seguros, son más propensos a desarrollar una autoestima saludable, a confiar en sí mismos y en los demás, y a enfrentar el mundo con una actitud positiva y resiliente. Crear este ambiente implica no solo satisfacer las necesidades físicas y emocionales del niño, sino también establecer una comunicación abierta, demostrar consistencia en el apoyo y mostrar una presencia emocional genuina en el día a día.

La seguridad y la confianza permiten a los niños explorar el mundo, cometer errores y regresar a sus padres en busca de guía y consuelo sin temor a ser juzgados o rechazados.

Aquí te presento las claves para construir un ambiente donde tu hijo/a se sienta protegido/a y seguro/a para ser quien realmente es.

1. Comunicación abierta y escucha activa

La comunicación abierta es el pilar de un ambiente seguro y confiable. Cuando los niños saben que pueden hablar con sus padres sobre cualquier cosa, ya sea una preocupación, un problema o una alegría, se sienten aceptados y valorados. La **escucha activa** es esencial para esta comunicación: implica no solo escuchar las palabras, sino también percibir las emociones y los mensajes detrás de ellas. Los padres que escuchan activamente no interrumpen, no juzgan y están presentes en cada conversación, mostrando respeto y empatía.

- **Mantén una actitud de curiosidad genuina**: Pregunta sobre su día, sus amigos y sus intereses. Esto no solo demuestra que te importa su vida, sino que también le enseña que su voz es importante y que siempre puede contar contigo.
- **Crea un espacio de diálogo sin juicios**: Asegúrate de que tu hijo/a se sienta libre de expresar sus pensamientos y emociones sin miedo a ser criticado/a. Frases como "Cuéntame más sobre eso" o "Entiendo cómo te sientes" muestran que estás dispuesto/a a escuchar y comprender, en lugar de juzgar o imponer tu propia perspectiva.

2. Aceptación incondicional y amor constante

Uno de los elementos más poderosos para crear un ambiente seguro es la **aceptación incondicional**. Los niños necesitan saber que son amados y valorados por quienes son, independientemente de sus éxitos o fracasos. La aceptación incondicional significa que, aunque tu hijo/a cometa errores o tenga comportamientos que puedan requerir corrección, tu amor y apoyo permanecen inalterables. Esta certeza permite que el niño crezca sin miedo a perder el afecto de sus padres y fortalece su sentido de valor personal.

- **Elogia el esfuerzo, no solo el resultado**: En lugar de centrarte exclusivamente en los logros, reconoce también el esfuerzo y la dedicación. Esto envía el mensaje de que tu amor no está condicionado al éxito o al desempeño, sino a su esfuerzo y perseverancia.

- **Expresa amor en momentos de fracaso**: Cuando un niño fracasa o comete un error, es crucial que reciba apoyo en lugar de críticas severas. Una actitud comprensiva y empática en estos momentos le enseña que el hogar es un lugar seguro donde puede ser vulnerable sin miedo a ser rechazado/a o juzgado/a.

3. Establecer límites claros y consistentes

Aunque la seguridad y la confianza incluyen libertad para explorar y expresarse, también requieren **límites claros y consistentes** que le brinden estructura y previsibilidad. Los niños necesitan reglas y expectativas que les permitan saber qué esperar y cómo comportarse. Los límites bien definidos crean una base de seguridad, ya que los niños pueden entender el "marco" en el cual pueden moverse libremente, sabiendo que tienen el respaldo de sus padres.

- **Explica los límites de manera respetuosa**: Cuando establezcas una norma, explícale a tu hijo/a el motivo detrás de ella. Por ejemplo, en lugar de decir "No toques eso porque lo digo yo", podrías decir "Es peligroso tocar eso porque podría lastimarte". Esto fomenta la comprensión y el respeto mutuo, en lugar de la obediencia ciega.
- **Sé consistente con los límites**: La consistencia es clave para que los niños se sientan seguros. Si un límite cambia constantemente o si se aplican diferentes reglas dependiendo del estado de ánimo del adulto, el niño puede sentirse confundido e inseguro. Mantén los límites de manera constante y clara, y asegúrate de que se mantengan a lo largo del tiempo.

4. Fomentar la autonomía y el desarrollo de la independencia

Crear un ambiente seguro también implica dar a los niños la **libertad de explorar** y experimentar dentro de los límites establecidos. Cuando los padres permiten que sus hijos tomen decisiones y realicen actividades por sí mismos, les están enviando el mensaje de que confían en ellos y en sus capacidades. Esto fortalece su autoestima y les ayuda a desarrollar una sensación de control sobre sus propias vidas.

- **Ofrece opciones**: Permitir que tu hijo/a elija dentro de ciertos límites, como decidir entre dos opciones de ropa o elegir la actividad que desean realizar, refuerza su independencia y les ayuda a entender que tienen un grado de control y responsabilidad en sus decisiones.
- **Permite que enfrenten sus propios desafíos**: Aunque es natural querer proteger a los hijos de las dificultades, es importante darles el espacio para enfrentar retos y resolver problemas por sí mismos. Esto no significa dejarlos solos, sino acompañarlos sin intervenir innecesariamente. Esta autonomía les permite desarrollar resiliencia y aprender que son capaces de superar obstáculos.

5. Demostrar empatía y validar sus emociones

Un ambiente seguro y lleno de confianza es aquel donde los niños se sienten **emocionalmente comprendidos y validados**. Esto significa que los padres no solo reconocen las emociones de sus hijos, sino que también las aceptan y les brindan el apoyo que necesitan. La validación emocional ayuda a los niños a comprender y gestionar sus propias emociones, a la vez que refuerza la conexión y la confianza en la relación.

- **Ponle nombre a sus emociones**: Ayuda a tu hijo/a a identificar lo que está sintiendo. Expresiones como "Parece que estás frustrado/a" o "Entiendo que te sientas triste" le muestran que comprendes sus emociones y que estás allí para acompañarlo/a en su proceso de entenderlas.

- **Evita minimizar sus sentimientos**: Aunque algunas emociones de los niños pueden parecer pequeñas o incluso irracionales desde la perspectiva adulta, es importante no desestimarlas. Frases como "No es para tanto" o "No llores por eso" invalidan lo que sienten. En cambio, puedes decir "Sé que eso te hace sentir mal, pero aquí estoy contigo".

6. Crear rutinas y rituales familiares

Las **rutinas y los rituales familiares** brindan estabilidad y estructura, aspectos que son fundamentales para un ambiente seguro. Cuando los niños saben qué esperar y tienen momentos especiales con su familia, se sienten parte de algo estable y significativo. Las rutinas diarias, como la hora de la cena o el tiempo de lectura antes de dormir, y los rituales familiares, como los fines de semana de juegos o paseos, generan un sentimiento de pertenencia y continuidad que refuerza la seguridad emocional.

- **Establece una rutina de despedidas y bienvenidas**: Pequeños rituales al despedirse o al reencontrarse después del colegio, como un abrazo o una frase especial, refuerzan la conexión y la estabilidad emocional.

- **Crea momentos de calidad en la rutina diaria**: No es necesario planificar grandes eventos; a veces, compartir una cena en familia o tener un rato de lectura juntos puede convertirse en un momento significativo que aporte al sentimiento de seguridad.

7. Reconocer y celebrar sus logros, pero también sus esfuerzos

La **validación de los logros y esfuerzos** del niño es una herramienta poderosa para crear un ambiente de confianza y apoyo. Reconocer sus esfuerzos le demuestra que sus acciones y sus intentos son valorados, incluso cuando no logran el éxito en cada intento. Esto le permite sentirse seguro/a en su propio proceso de aprendizaje y saber que sus padres valoran no solo los resultados, sino también el esfuerzo detrás de ellos.

- **Reconoce los intentos, no solo los éxitos**: Alentar a los niños por intentar algo nuevo o esforzarse en una tarea, incluso si no logran el resultado esperado, refuerza la idea de que están en un ambiente donde se valora su crecimiento y no solo el éxito.
- **Fomenta una mentalidad de crecimiento**: Ayuda a tu hijo/a a ver los errores como oportunidades para aprender y crecer. Expresiones como "Lo intentaste muy bien, vamos a ver cómo podemos mejorarlo juntos" le enseñan a no temer el fracaso y a sentirse seguro/a al asumir nuevos desafíos.

Gestionar los conflictos familiares sin perder la calma

1. Practica la autorregulación emocional antes de responder

La autorregulación emocional es una de las habilidades más valiosas para gestionar conflictos familiares de manera efectiva y sin perder la calma. Daniel Goleman, psicólogo y autor de "Inteligencia Emocional", ha resaltado la importancia de la autorregulación en las relaciones personales. Según Goleman, la capacidad de una persona para controlar sus emociones, especialmente en momentos de tensión, tiene un impacto significativo en la estabilidad y armonía de sus relaciones. Las personas que logran regularse emocionalmente evitan el impulso de reaccionar de forma inmediata y, en cambio, responden de manera que no solo disminuye el conflicto, sino que también fortalece la confianza y el respeto en la relación.

Durante un conflicto familiar, las emociones tienden a intensificarse rápidamente, ya que se involucran temas sensibles y una relación estrecha. En estos momentos, la autorregulación permite detenerse y controlar los impulsos emocionales antes de responder. Esto es crucial, ya que cuando estamos emocionalmente cargados, tendemos a reaccionar impulsivamente, lo cual puede llevar a decir o hacer cosas de las que nos arrepentiremos. La autorregulación emocional ayuda a interrumpir este patrón, permitiéndonos manejar las emociones sin que se apoderen de nuestras respuestas.

Para practicar la autorregulación emocional en medio de un conflicto, una de las estrategias más efectivas es respirar profundamente. Tomarse unos segundos para respirar antes de responder ayuda a reducir la respuesta de estrés del cuerpo, que suele intensificarse en momentos de tensión. La respiración profunda activa el sistema nervioso parasimpático, responsable de la relajación, lo que contribuye a reducir la tensión y a reestablecer una sensación de calma. Esta breve pausa permite que la mente recupere claridad y enfoque, ayudando a ver el conflicto de forma más objetiva y a responder de manera consciente.

Otra estrategia útil es contar hasta diez. Este sencillo acto ofrece tiempo suficiente para calmarse y permite que la parte racional del cerebro recupere el control, evitando que el conflicto se intensifique. Este tiempo también permite reflexionar sobre la situación y preguntarse cuál es la mejor manera de resolver el conflicto en lugar de empeorarlo. Cuando practicamos la autorregulación, estamos mostrando a nuestros hijos y familiares que es posible abordar las dificultades de manera tranquila y respetuosa, lo cual es un ejemplo valioso de cómo gestionar sus propias emociones.

Si sientes que necesitas más tiempo para calmarte, tomar una breve pausa es una estrategia que Goleman recomienda ampliamente. Puedes decir algo como: "Voy a tomar unos minutos para calmarme y después hablamos". Esta declaración no solo permite alejarse de la situación y recomponerse, sino que también muestra a los demás que te importa resolver el problema de forma respetuosa. Al alejarse de la situación durante unos minutos, puedes calmar la intensidad de tus emociones, permitiéndote volver con una perspectiva más equilibrada.

La práctica de la autorregulación también implica aprender a reconocer tus propios señales de alerta emocionales, como el aumento de la frecuencia cardíaca, la respiración acelerada o el tono elevado de voz. Ser consciente de estos cambios físicos y emocionales es fundamental, ya que te permite actuar antes de que la emoción se apodere por completo de la situación. La toma de conciencia es el primer paso para lograr el control, ya que sin esta conciencia es más probable que actúes impulsivamente.

Es importante evitar reaccionar en el calor del momento, ya que cuando estamos emocionalmente sobrecargados, es más probable que digamos algo de lo que luego nos arrepentimos. Las reacciones impulsivas suelen estar cargadas de emociones negativas, como el enojo o la frustración, y pueden escalar el conflicto rápidamente, afectando la relación familiar. En cambio, practicar la autorregulación nos permite responder de manera reflexiva, lo cual facilita una resolución constructiva y evita herir a los demás.

Practicar la autorregulación emocional requiere tiempo y paciencia, pero es una habilidad que se fortalece con la práctica constante. Con cada conflicto que gestionamos de manera calmada, estamos construyendo una base de respeto y confianza en la familia, lo cual no solo mejora la convivencia, sino que también enseña a los hijos cómo manejar sus propias emociones de manera efectiva. La autorregulación emocional no solo beneficia la resolución del conflicto en el momento, sino que también establece un tono de respeto y cooperación a largo plazo dentro del núcleo familiar.

2. Practica la escucha activa

La escucha activa es una habilidad fundamental para manejar los conflictos familiares de manera efectiva, ya que permite a cada miembro de la familia sentirse valorado y comprendido. Un estudio de la Universidad de Cornell encontró que la escucha activa mejora la **empatía y la comprensión mutua**, lo cual disminuye el nivel de estrés en situaciones conflictivas. Escuchar activamente es una herramienta poderosa que permite a los miembros de la familia expresarse sin temor a ser interrumpidos o juzgados, lo que facilita la resolución de problemas de forma colaborativa y reduce las posibilidades de malentendidos.

La escucha activa va más allá de simplemente oír las palabras de otra persona; implica una atención completa a los mensajes verbales y no verbales, así como una respuesta que demuestre empatía y comprensión. Este tipo de escucha requiere dejar de lado cualquier distracción y comprometerse plenamente con la conversación, lo que permite que la otra persona sienta que tiene toda tu atención. En un entorno familiar, donde las emociones pueden ser intensas y la comunicación puede volverse caótica, la escucha activa se convierte en un medio eficaz para calmar la situación y construir un ambiente de respeto mutuo.

- **Focaliza tu atención en la persona:**
  Para practicar la escucha activa, es esencial eliminar cualquier distracción, como teléfonos, dispositivos electrónicos o pensamientos que no están relacionados con la conversación. Al dedicar toda tu atención al miembro de la familia que está hablando, le estás mostrando que valoras lo que tiene que decir y que su perspectiva es importante. Mantener el contacto visual, asintiendo de vez en cuando y demostrando un lenguaje corporal receptivo contribuye a que la otra persona se sienta escuchada.

- **Reconoce y refleja el mensaje de la otra persona:**
  Un componente crucial de la escucha activa es reflejar lo que la otra persona está diciendo para asegurarte de que interpretaste correctamente su mensaje. Esto se puede hacer repitiendo lo que has entendido con tus propias palabras, como: "Si te entiendo bien, lo que estás diciendo es…". Esta técnica no solo ayuda a confirmar que ambos están en la misma página, sino que también demuestra que estás escuchando de manera genuina y que quieres comprender su punto de vista.

- **Valida las emociones del otro:**
  Mostrar empatía y validar las emociones es una parte esencial de la escucha activa. Esto implica reconocer lo que la otra persona siente sin minimizar ni cuestionar sus emociones. Por ejemplo, puedes decir: "Entiendo que te sientas frustrado/a por esta situación". La validación emocional ayuda a que la persona se sienta aceptada y comprendida, lo cual reduce la defensiva y crea un

espacio seguro para expresar sus sentimientos sin temor a ser juzgado/a o rechazado/a.

- **Usa frases que muestren empatía y comprensión:**
Las expresiones empáticas son fundamentales en la escucha activa, ya que ayudan a demostrar que estás procesando lo que la otra persona dice. Frases como "Puedo ver por qué esto es importante para ti" o "Entiendo que te hizo sentir de esta manera" fomentan un ambiente de apoyo y comprensión. Este tipo de respuestas permiten que la otra persona sienta que sus emociones y pensamientos son valiosos y que te importan, facilitando un diálogo constructivo.

- **Evita interrumpir o anticipar tu respuesta:**
Durante un conflicto, puede ser tentador interrumpir o pensar en lo que vas a decir a continuación en lugar de escuchar. Sin embargo, la escucha activa implica prestar atención plena sin interrupciones. Cuando interrumpes o piensas en tu respuesta, la otra persona puede sentir que no estás realmente interesado/a en su perspectiva. Al dejar de lado el impulso de hablar y concentrarte en escuchar, demuestras respeto y muestras tu deseo genuino de comprender al otro.

- **Mantén una postura de curiosidad en lugar de asumir:**
La escucha activa implica estar dispuesto/a a entender sin hacer suposiciones ni conclusiones apresuradas. Adoptar una postura de curiosidad, en la que haces preguntas abiertas como "¿Puedes explicarme más sobre eso?" o "¿Cómo te hizo sentir?", te permite explorar el punto de vista de la otra persona de manera más profunda y completa. Evitar las suposiciones permite que se exprese de forma libre, lo cual facilita una comprensión más precisa y una resolución de conflictos más efectiva.

- **Asegúrate de dar retroalimentación positiva:**
  La retroalimentación positiva es un aspecto importante de la escucha activa, ya que muestra a la otra persona que valoras sus esfuerzos para expresarse y que estás comprometido/a con el diálogo. Agradece el hecho de que compartan sus pensamientos y emociones, especialmente si es un tema difícil. Expresiones como "Gracias por decirme lo que piensas" o "Aprecio que me cuentes cómo te sientes" ayudan a fortalecer el vínculo y a fomentar la apertura en futuras conversaciones.

La escucha activa es una habilidad que requiere práctica constante, pero con el tiempo se convierte en una herramienta esencial para la resolución de conflictos familiares. Escuchar con atención y empatía no solo mejora la comunicación en el momento, sino que también fortalece la confianza y crea un ambiente de respeto y apoyo mutuo, donde cada miembro de la familia puede expresar sus pensamientos y emociones con libertad.

3. Enfócate en el problema, no en la persona

La capacidad de centrarse en el problema en lugar de criticar a la persona es esencial para resolver conflictos de manera efectiva y mantener relaciones familiares saludables. El psicólogo John Gottman, reconocido por su trabajo en el estudio de relaciones, encontró que los conflictos que incluyen ataques a la personalidad (lo que él llama "ataques al carácter") tienden a intensificar la hostilidad y generan resentimiento. Gottman observó que cuando las personas critican el carácter de alguien, el conflicto tiende a escalar, ya que la otra persona se siente atacada y adopta una postura defensiva. En cambio, cuando el enfoque se mantiene en el problema específico, sin asociarlo con la personalidad o el valor de la persona, es más fácil encontrar soluciones constructivas y mantener la calma.

- **Usa un lenguaje centrado en el problema:**
  Para evitar que el conflicto se convierta en un ataque personal, es importante utilizar un lenguaje que se enfoque en el problema específico y no en la personalidad del otro. En lugar de decir "Eres desorganizado/a" o "Nunca escuchas", intenta expresarte de una manera que destaque la situación sin atribuir rasgos negativos a la persona. Por ejemplo, podrías decir: "Me gustaría que planificáramos mejor la limpieza para que no se acumule el trabajo". Esta frase aborda el problema sin hacer juicios sobre la personalidad, lo que permite que el otro se sienta menos atacado y más dispuesto a colaborar en una solución.

- **Utiliza frases en primera persona para expresar tus sentimientos:**
  Las frases en primera persona, como "Me siento frustrado/a cuando...", ayudan a comunicar cómo te afecta el problema sin culpar o atacar directamente a la otra persona. Este enfoque disminuye la carga emocional del mensaje, ya que evita que el otro se sienta responsable de un "defecto" personal. Decir algo como "Me siento frustrado/a cuando la casa está desordenada" pone el foco en tu experiencia y tus sentimientos en lugar de en una crítica hacia el otro. Esto reduce las defensas y facilita un diálogo en el que ambos pueden colaborar para resolver el problema.

- **Evita generalizaciones como "siempre" o "nunca":**
  Las palabras como "siempre" y "nunca" son generalizaciones que suelen hacer que el conflicto se intensifique, ya que son interpretadas como críticas globales al carácter de la persona. Decir cosas como "Nunca escuchas" o "Siempre eres desorganizado/a"

hace que el otro se sienta atacado y tiende a provocar una respuesta defensiva. En cambio, enfócate en una situación específica y real: en lugar de decir "Nunca limpias", podrías decir "Noté que esta semana la cocina quedó sin limpiar". Esto permite que el conflicto se centre en un tema manejable y evita que el otro se sienta juzgado en su totalidad.

- **Describe el problema con detalles objetivos y específicos:**
  La objetividad es clave para mantener la conversación en un tono constructivo. Describe el problema de forma precisa, sin atribuirle una intención negativa a la otra persona. En lugar de asumir que el otro "no quiere cooperar", simplemente explica la situación: "Veo que las tareas de la casa no están equilibradas; quizás podamos ajustarlo". Este tipo de enfoque reduce las probabilidades de que el conflicto se convierta en un intercambio de culpas y permite que ambos se enfoquen en el problema real.

- **Propón soluciones en lugar de criticar:**
  Una manera de evitar que el conflicto se convierta en una serie de ataques personales es enfocarse en soluciones prácticas. En lugar de hacer comentarios críticos o quejumbrosos, intenta decir algo como: "¿Te parece si definimos juntos una manera de organizar el espacio?" o "¿Qué te parece si hacemos un plan de limpieza para la semana?" Estas propuestas no solo muestran una disposición para resolver el problema, sino que también demuestran respeto y empatía, lo cual facilita la colaboración y disminuye la tensión.

- **Mantén una actitud de colaboración en lugar de competencia:**
  Abordar el problema de manera objetiva implica ver el conflicto como un desafío a resolver en equipo, en lugar

de una "batalla" donde uno tiene que ganar. Esta actitud de colaboración evita que el conflicto se vuelva personal y permite que ambas partes se concentren en alcanzar un acuerdo. Por ejemplo, si la discusión es sobre el uso del tiempo, podrías decir: "Me gustaría que encontráramos una forma de compartir mejor el tiempo en casa para que ambos tengamos tiempo libre". Esta mentalidad no solo ayuda a resolver el conflicto, sino que también fortalece el vínculo entre ambos.

- **Reconoce los esfuerzos del otro y practica la gratitud:** A lo largo del conflicto, es útil reconocer los esfuerzos previos de la otra persona en lugar de asumir que siempre actúa de manera negativa. Si, por ejemplo, estás discutiendo sobre la distribución de tareas, puedes reconocer cuando el otro ha colaborado en el pasado: "Aprecio que hayas ayudado a limpiar la semana pasada, y me gustaría que continuemos dividiendo las tareas de manera justa". Este tipo de reconocimiento evita que la persona se sienta atacada y ayuda a construir un ambiente de respeto mutuo, en el cual ambos pueden trabajar juntos en el problema sin sentirse criticados.

Enfocarse en el problema y no en la persona es una habilidad que requiere práctica y reflexión, pero es una de las estrategias más efectivas para resolver conflictos familiares de manera saludable. Cuando el conflicto se aborda de manera objetiva y sin ataques personales, se crea un ambiente en el que cada persona se siente valorada y respetada, lo cual facilita la colaboración y fortalece la relación familiar a largo plazo.

4. Valida las emociones de todos los involucrados

Validar las emociones de cada persona en un conflicto familiar es una de las estrategias más efectivas para reducir tensiones y promover una resolución pacífica. La validación emocional no solo aumenta el bienestar general en las relaciones familiares, sino que también mejora la autoestima de cada individuo. Este proceso implica reconocer y aceptar las emociones de los demás como legítimas, sin necesariamente estar de acuerdo con ellas. Validar no es lo mismo que justificar, sino reconocer que los sentimientos de los otros son reales y válidos, lo cual ayuda a construir un ambiente de comprensión y respeto.

- **Reconoce la emoción sin juzgarla:**
  Validar las emociones comienza por reconocer lo que la otra persona está sintiendo sin emitir juicios sobre si su reacción es correcta o exagerada. Las emociones son respuestas automáticas y naturales que surgen ante una situación, y negarlas o minimizarlas solo intensifica el conflicto. Expresiones como "Entiendo que estés enojado/a" o "Puedo ver que esto te molestó" son maneras efectivas de validar sin juzgar. Este enfoque permite que la persona se sienta comprendida y disminuye su necesidad de defenderse o justificar sus emociones.

- **Usa el lenguaje para reflejar la emoción del otro:**
  Reflejar lo que la otra persona está sintiendo ayuda a que se sienta escuchada. Por ejemplo, si tu hijo/a expresa tristeza porque siente que no recibe suficiente tiempo de calidad, puedes responder: "Veo que estás triste porque sientes que no hemos pasado mucho tiempo juntos". Al reflejar sus palabras y emociones, le demuestras que estás prestando atención a sus sentimientos, lo que crea una atmósfera de aceptación. Este tipo de respuesta fomenta la confianza y reduce la resistencia en el diálogo, facilitando una comunicación abierta.

- **Utiliza un lenguaje corporal que demuestre receptividad:**
  La validación emocional no solo se expresa verbalmente;

el lenguaje corporal juega un papel fundamental en este proceso. Mantén una postura abierta y receptiva, realiza contacto visual y asiente de vez en cuando para mostrar que estás realmente involucrado/a en la conversación. Estos gestos no verbales reafirman que te importa lo que la otra persona está sintiendo y que estás dispuesto/a a escuchar. Una actitud de apertura refuerza la seguridad emocional en la relación y permite que cada miembro se sienta cómodo/a al expresar sus sentimientos.

- **Demuéstrale que sus sentimientos son válidos sin buscar soluciones inmediatas:**
  En ocasiones, al ver que alguien está molesto o angustiado, la tendencia es ofrecer soluciones rápidas o consejos. Sin embargo, durante el conflicto, es importante simplemente validar la emoción antes de intentar resolver el problema. Puedes decir algo como "Es comprensible que te sientas así" o "Tus sentimientos son totalmente normales en esta situación". Esto le da a la persona el espacio necesario para procesar sus emociones, lo cual es una parte esencial del bienestar emocional. Las soluciones pueden buscarse después, una vez que la otra persona se sienta validada.

- **Evita minimizar o cuestionar la validez de las emociones:**
  Minimizar o cuestionar la intensidad de las emociones, con frases como "No es para tanto" o "Estás exagerando", puede generar sentimientos de incomprensión y frustración. Estas respuestas hacen que la persona se sienta incomprendida o poco valorada, lo cual puede intensificar el conflicto en lugar de resolverlo. En lugar de minimizar la emoción, reconoce su presencia y permite que el otro se exprese. Cada persona tiene su propia percepción de las situaciones y, al respetarla,

construyes una relación basada en el respeto y la empatía.

- **Normaliza las emociones en el contexto familiar:**
  Explica a los miembros de la familia que todas las emociones, ya sean positivas o negativas, son una parte natural de la vida. Puedes decir algo como "Es normal sentirse enojado/a a veces; todos nos sentimos así" o "Está bien sentirse triste, y aquí estamos para apoyarnos". Este tipo de normalización ayuda a los niños y adultos a no sentirse avergonzados o culpables por sus emociones. Al entender que los sentimientos son una respuesta normal a las experiencias, los miembros de la familia estarán más abiertos a compartir y a manejar sus emociones de forma saludable.

- **Permite que cada persona tenga su espacio para expresar su emoción antes de intervenir:**
  En un conflicto, es común que todos quieran ser escuchados al mismo tiempo. Sin embargo, para que la validación emocional sea efectiva, cada persona necesita espacio para expresar lo que siente sin interrupciones. Dale tiempo a cada uno para expresar sus emociones antes de intervenir o de buscar una solución conjunta. Este espacio no solo permite que cada miembro se sienta respetado, sino que también promueve una mayor comprensión mutua, ya que todos pueden ver cómo la situación afecta a los demás. Una vez que todos hayan expresado sus emociones, el grupo estará en una mejor posición para trabajar en una solución colaborativa.

Validar las emociones de todos los involucrados en un conflicto familiar crea una atmósfera de comprensión y respeto. Al reconocer la legitimidad de los sentimientos ajenos, promueves una comunicación abierta y reduces las probabilidades de que alguien se sienta aislado o incomprendido. Este enfoque ayuda a resolver conflictos de manera más efectiva, mejora la autoestima de cada miembro de la familia y fortalece los lazos de apoyo emocional, lo que contribuye a un ambiente familiar saludable y cohesivo.

5. Establece límites respetuosos durante el conflicto

Establecer límites respetuosos en medio de un conflicto es esencial para crear un entorno donde todos los involucrados se sientan seguros y valorados, incluso cuando se enfrentan a desacuerdos. Un estudio publicado en el Journal of Family Psychology (Revista de psicología familiar) demostró que los conflictos en los que se implementaron límites claros y respetuosos, como la norma de hablar sin levantar la voz, generaron mejores resultados en la resolución de problemas y redujeron el resentimiento a largo plazo. Estos límites crean un marco donde el diálogo puede desarrollarse de manera constructiva y respetuosa, ayudando a los miembros de la familia a expresarse sin temor a ser agredidos verbal o emocionalmente.

- **Define los límites antes de que surja el conflicto:**
  Uno de los elementos clave para que los límites sean efectivos es definirlos en un momento de calma, cuando no exista un conflicto inmediato. Establecer normas familiares claras y acordadas de antemano, como no gritar, no interrumpir y no insultar, permite que cada miembro entienda lo que se espera de él o ella durante una discusión. Explicar que estas reglas tienen como objetivo crear un ambiente seguro y respetuoso ayuda a que cada miembro comprenda su importancia y esté más dispuesto a respetarlas cuando surja un desacuerdo.
- **Utiliza un lenguaje claro y respetuoso para expresar los límites:**
  Durante el conflicto, es importante comunicar los límites

de manera calmada y sin acusaciones. Decir algo como "Me gustaría que hablemos de esto sin levantar la voz" o "Es importante que no usemos insultos cuando estamos discutiendo" ayuda a establecer expectativas claras sin atacar ni hacer sentir culpable a nadie. Esta forma de comunicar los límites reduce la posibilidad de que el otro se ponga a la defensiva y aumenta las probabilidades de que se mantenga el respeto mutuo durante la conversación.

- **Modela el comportamiento respetuoso que esperas ver en los demás:**
  Para que los límites sean efectivos, es fundamental que cada miembro, especialmente los adultos, modele el comportamiento que espera de los demás. Si los padres o figuras de autoridad respetan los límites de no gritar y escuchan sin interrumpir, los demás miembros de la familia estarán más inclinados a hacer lo mismo. Este modelado constante fortalece la coherencia de las normas y envía el mensaje de que los límites no son opcionales, sino una parte integral de cómo se debe resolver cualquier conflicto.

- **Reitera los límites de manera tranquila:**
  En el calor del momento, es posible que alguien se olvide o rompa un límite, como levantar la voz o interrumpir. Si esto ocurre, es importante recordar los límites de manera calmada en lugar de reaccionar de la misma forma. Puedes decir algo como "Recuerda que habíamos acordado hablar sin gritar" o "Es importante que respetemos el turno de hablar". Este recordatorio reafirma la importancia de los límites sin escalar la situación, lo cual mantiene el diálogo en un tono constructivo y permite que el conflicto no se intensifique.

- **Evita responder a la agresión con agresión:**
  Cuando uno de los miembros de la familia expresa sus

emociones de manera agresiva, es tentador responder de la misma forma. Sin embargo, responder con agresión solo intensifica el conflicto y refuerza comportamientos negativos. En lugar de responder con el mismo tono, es más efectivo mantener la calma y reafirmar el límite establecido. Por ejemplo, si alguien grita, responder en un tono calmado con "No necesitamos gritar para hablar de esto" muestra autocontrol y refuerza el valor de los límites de manera pacífica.

- **Establece consecuencias claras para el incumplimiento de los límites:**
  Para que los límites sean efectivos, es útil definir de antemano las consecuencias que se aplicarán si no se respetan. Esto no implica castigos estrictos, sino una estructura que permita que todos entiendan las implicaciones de romper los límites. Por ejemplo, puedes establecer que si una persona continúa gritando o insultando, la conversación se suspenderá temporalmente hasta que todos estén tranquilos y listos para dialogar de manera respetuosa. Estas consecuencias ayudan a mantener el respeto y refuerzan la importancia de los límites en la dinámica familiar.

- **Agradece y reconoce cuando se respetan los límites:**
  La validación y el reconocimiento son herramientas importantes para fortalecer los límites. Agradecer a los miembros de la familia cuando respetan las reglas de comunicación durante un conflicto, diciendo cosas como "Aprecio que estemos hablando con calma" o "Gracias por escuchar sin interrumpir", refuerza los comportamientos positivos. Este tipo de reconocimiento genera un ambiente de respeto y motiva a todos a continuar respetando los límites en futuras discusiones.

Establecer límites respetuosos durante los conflictos es una estrategia que promueve la seguridad emocional y el respeto mutuo en la familia. Estos límites permiten que cada persona pueda expresarse libremente, sin temor a ser atacada o interrumpida, lo cual crea una base sólida para resolver los conflictos de manera efectiva. Al practicar estos límites en cada discusión, la familia puede construir una dinámica en la que el diálogo siempre sea constructivo y respetuoso, fortaleciendo los vínculos y fomentando un ambiente de comprensión y apoyo mutuo a largo plazo.

6. Busca soluciones en conjunto y no impongas decisiones

Involucrar a todos los miembros de la familia en la búsqueda de soluciones es una estrategia fundamental para resolver conflictos de manera efectiva y duradera. Investigaciones de la Universidad de California indican que los conflictos familiares se resuelven más rápidamente y con mayor estabilidad cuando cada miembro participa en la solución, ya que esto fomenta un sentido de pertenencia y responsabilidad. Cuando todos sienten que sus opiniones y perspectivas son tomadas en cuenta, es más probable que se comprometan con el acuerdo final y colaboren para mantener la armonía.

- **Inicia el diálogo con preguntas abiertas para estimular la participación:**
  En lugar de ofrecer soluciones de inmediato, comienza el proceso de resolución haciendo preguntas abiertas como "¿Qué ideas tienen para resolver esto?" o "¿Cómo creen que podemos mejorar esta situación?". Este tipo de preguntas invita a cada miembro a compartir su perspectiva y sus ideas, lo cual fortalece el sentido de pertenencia. Además, demuestra que valoras sus opiniones y que el proceso de resolución es colaborativo, lo cual facilita la aceptación de cualquier acuerdo que se alcance.

- **Fomenta un ambiente de respeto y equidad durante la conversación:**
Para que todos los involucrados se sientan seguros de expresar sus ideas, es fundamental crear un ambiente en el que cada persona sienta que su opinión es respetada. Establece un turno para hablar y alienta a cada miembro a escuchar sin interrumpir. Cuando todos tienen la oportunidad de expresar sus puntos de vista de manera equitativa, el proceso de resolución de conflictos se vuelve más justo y respetuoso, lo cual ayuda a reducir las tensiones y a fortalecer la relación familiar.

- **Reconoce y valida cada propuesta para reforzar el valor de la participación:**
Una vez que cada miembro ha compartido sus ideas, es importante reconocer y validar cada una de las propuestas. Expresiones como "Gracias por compartir tu idea" o "Entiendo tu perspectiva, es importante para todos nosotros" ayudan a que cada persona sienta que su contribución es valiosa. Esta validación fortalece la confianza en el proceso de resolución conjunta y fomenta un ambiente en el que cada uno se sienta respetado e incluido en la búsqueda de soluciones.

- **Busca un consenso que satisfaga las necesidades de todos:**
En lugar de seleccionar una solución de forma unilateral, busca un acuerdo que tome en cuenta las necesidades y preocupaciones de todos los involucrados. La solución final no tiene que ser perfecta, pero debe reflejar el consenso y la colaboración de todos. Puedes decir algo como "Parece que estamos de acuerdo en estos puntos, ¿qué tal si probamos esta solución por un tiempo y vemos cómo funciona?" Esto permite que cada persona sienta que sus necesidades han sido escuchadas y aumenta el compromiso con la solución acordada.

- **Permite que los niños propongan ideas:**
  Involucrar a los niños en el proceso de resolución de conflictos es una oportunidad para enseñarles habilidades valiosas en la resolución de problemas. Invítalos a proponer soluciones y guíalos en el proceso, mostrándoles cómo considerar las necesidades de los demás y trabajar hacia una solución justa. Esto no solo fortalece su sentido de responsabilidad, sino que también les enseña a manejar los conflictos de manera constructiva y respetuosa en sus propias vidas.

- **Evalúa y ajusta la solución conjunta si es necesario:**
  Una vez implementada la solución, es útil evaluar cómo está funcionando para todos los involucrados. Esto puede hacerse con una reunión de seguimiento o una breve conversación para analizar cómo se siente cada persona con el acuerdo alcanzado. Si es necesario, permite realizar ajustes y mejoras. Esta flexibilidad ayuda a mantener el compromiso con la solución y demuestra que el proceso de resolución de conflictos es continuo y adaptativo, fortaleciendo la colaboración familiar.

- **Evita imponer una solución unilateralmente:**
  Imponer una solución sin consultar a los demás suele generar resistencia y un sentimiento de injusticia. Los miembros de la familia que sienten que no fueron escuchados o que sus perspectivas fueron ignoradas pueden mostrarse menos dispuestos a colaborar y, en algunos casos, esto puede incluso intensificar el conflicto. Al incluir a todos en el proceso de resolución, cada persona se siente valorada, lo cual aumenta la probabilidad de que el acuerdo funcione y se mantenga en el tiempo.

Involucrar a todos los miembros de la familia en la búsqueda de soluciones conjuntas no solo resuelve el conflicto de manera más efectiva, sino que también fortalece la cohesión y el respeto dentro de la familia. Cuando cada persona es parte del proceso y su voz es valorada, la dinámica familiar se transforma en un ambiente de colaboración y apoyo mutuo, en el que cada miembro se siente comprometido con el bienestar de los demás. Este enfoque crea una base sólida para la resolución de futuros conflictos y fomenta la armonía en el hogar.

7. Practica el perdón y deja ir el conflicto una vez resuelto

El perdón es una herramienta poderosa en las relaciones familiares, ya que permite a cada miembro del núcleo familiar liberarse de los resentimientos y reconstruir la confianza. La psicóloga Everett Worthington, en sus estudios sobre el perdón en las relaciones familiares, encontró que las familias que practican el perdón no solo son más felices, sino que también experimentan menos conflictos recurrentes. Cuando el perdón se convierte en una práctica habitual, los conflictos no se acumulan ni se reviven, y las relaciones familiares se fortalecen. Al aprender a perdonar y dejar ir, las familias logran construir una conexión más sólida y sincera, libre de resentimientos y tensiones.

- **Verbaliza el cierre emocional del conflicto:**
  Una vez que el conflicto ha sido resuelto, es importante que los involucrados expresen de manera verbal que están listos para dejar el tema atrás. Frases como "Gracias por hablar de esto conmigo; vamos a dejarlo atrás y seguir adelante" ayudan a sellar la resolución y le dan un cierre emocional al conflicto. Esta declaración permite que cada miembro sienta que se ha llegado a un acuerdo y evita que el conflicto quede "abierto" o sin resolver emocionalmente, lo cual puede llevar a resentimientos a largo plazo.

- **Evita revivir o recordar el conflicto una vez resuelto:**
Uno de los obstáculos para el perdón es la tendencia a revivir o mencionar conflictos pasados, especialmente durante nuevas discusiones. Esta práctica, conocida como "guardar rencor", puede dañar la relación al generar desconfianza y resentimiento en quienes sienten que sus errores anteriores siguen presentes. Si el conflicto ha sido resuelto y ambas partes han acordado dejarlo atrás, evita mencionarlo nuevamente. Este acto de dejar ir demuestra un compromiso genuino con el perdón y permite que la familia avance sin cargar con el peso de conflictos pasados.

- **Enseña a los niños a pedir disculpas de manera sincera:**
La habilidad para pedir disculpas sinceras es una parte fundamental del perdón y una herramienta que los niños necesitan aprender para construir relaciones saludables. Enseñarles a pedir disculpas no solo los ayuda a reparar los daños causados, sino que también les permite reconocer y asumir la responsabilidad de sus acciones. Enséñales a disculparse de forma genuina, usando frases como "Siento haberte hecho sentir mal" o "Perdón por lo que dije, no fue mi intención lastimarte". Este acto de disculpa fomenta la empatía y el respeto en la familia, al tiempo que fortalece los lazos familiares.

- **Promueve la aceptación de las disculpas de los demás:**
Así como es importante aprender a disculparse, también es crucial aprender a aceptar las disculpas con sinceridad. En lugar de responder de manera superficial, como "Está bien" o "No importa", alienta a los miembros de la familia a reconocer y aceptar las disculpas con un sentido de cierre. Responder con algo como "Gracias por disculparte, lo valoro" permite que ambas partes sientan que el conflicto ha sido resuelto y que pueden avanzar con una sensación de respeto y entendimiento mutuo.

- **Recuerda que el perdón no significa ignorar o justificar la conducta:**
Practicar el perdón no significa ignorar el conflicto o justificar una conducta que causó daño. El perdón es una decisión de soltar el resentimiento y darle una segunda oportunidad a la relación, pero siempre reconociendo los errores y aprendiendo de ellos. Asegúrate de que todos comprendan que perdonar es diferente de ignorar el problema. Al abordar los errores y buscar soluciones, el perdón se convierte en una herramienta de crecimiento y aprendizaje en lugar de una forma de pasar por alto lo sucedido.

- **Utiliza el perdón como un ejemplo de resiliencia y fortaleza emocional:**
Los padres y adultos pueden modelar el perdón como un acto de fortaleza y resiliencia, mostrando que soltar el conflicto es una elección positiva. Al practicar el perdón, se enseña a los niños que la verdadera fortaleza está en resolver y dejar ir, en lugar de aferrarse al enojo o al resentimiento. Este ejemplo les ayuda a entender que el perdón no solo libera a la persona que lo concede, sino también a quien lo recibe, fortaleciendo la relación y promoviendo la paz emocional.

- **Crea un ambiente donde el perdón sea un valor familiar:**
Convertir el perdón en un valor familiar ayuda a construir un ambiente en el que todos sepan que los errores no definirán la relación. Al establecer el perdón como una práctica habitual, se crea un espacio seguro donde cada miembro siente que puede cometer errores, aprender de ellos y ser perdonado. Puedes hacer del perdón un valor familiar al hablar abiertamente sobre su importancia y al reforzar su práctica en la vida cotidiana. Esto ayuda a que todos comprendan que el perdón es

una elección que fortalece el vínculo familiar y fomenta la comprensión y el apoyo mutuo.

Practicar el perdón y dejar ir el conflicto una vez resuelto es esencial para mantener una relación familiar saludable y duradera. Al liberar el resentimiento y evitar que los conflictos pasados resurjan, cada miembro de la familia puede concentrarse en construir un ambiente de apoyo, respeto y amor. El perdón no solo ayuda a resolver conflictos de manera efectiva, sino que también permite que la familia avance unida, fortaleciendo sus lazos y creando un entorno donde cada persona se sienta valorada y respetada.

Capítulo 3: Disciplina positiva: Firme, pero con amor

¿Qué es la disciplina positiva y por qué funciona?

La disciplina positiva es un enfoque educativo basado en la firmeza y el respeto, que promueve el desarrollo de habilidades de autodisciplina y responsabilidad en los niños, sin recurrir a castigos severos o a una autoridad rígida y controladora. A diferencia de los métodos tradicionales de disciplina, que suelen enfocarse en la obediencia y el castigo, la disciplina positiva busca entender el comportamiento del niño y guiarlo hacia decisiones más adecuadas, fomentando la empatía, el respeto mutuo y la colaboración. Este enfoque se centra en enseñar, no en castigar, y está respaldado por investigaciones que demuestran que los niños educados bajo esta metodología desarrollan una autoestima saludable, habilidades de autocontrol y una mayor capacidad para resolver conflictos de manera pacífica.

La disciplina positiva fue popularizada por la psicóloga Jane Nelsen, quien sostiene que los niños aprenden mejor en un ambiente donde se sienten seguros y respetados. Nelsen argumenta que cuando los padres adoptan un enfoque firme pero amable, los niños no solo obedecen, sino que también comprenden las razones detrás de las normas, lo cual fomenta la motivación intrínseca para comportarse de manera adecuada.

Este enfoque ayuda a construir relaciones familiares sólidas y reduce los conflictos en el hogar, al tiempo que enseña a los niños a tomar decisiones responsables y a pensar en los efectos de sus acciones en los demás. Entre los puntos positivos, podemos encontrar:

- **Enseña autodisciplina y responsabilidad a largo plazo:** Uno de los principios fundamentales de la disciplina positiva es que su objetivo no es solo lograr una obediencia inmediata, sino desarrollar la autodisciplina y la responsabilidad a largo plazo. Cuando se utilizan métodos tradicionales de disciplina basados en castigos, los niños pueden obedecer en el momento por temor a las consecuencias, pero es menos probable que internalicen el aprendizaje. La disciplina positiva, en cambio, alienta a los niños a comprender por qué ciertas normas y límites existen, fomentando un sentido de responsabilidad personal y ayudándoles a desarrollar un sistema interno de autocontrol. Esto les permite tomar decisiones conscientes sobre su comportamiento, incluso en situaciones donde los padres o la autoridad no están presentes.

- **Fomenta la conexión y el respeto mutuo:** La disciplina positiva se basa en el respeto mutuo entre padres e hijos, lo cual crea una conexión emocional sólida que fomenta la colaboración en lugar de la obediencia forzada. Al establecer límites de manera respetuosa y al considerar las necesidades y perspectivas del niño, los padres transmiten que valoran a sus hijos y que están comprometidos a guiarlos de manera comprensiva. Este respeto mutuo es clave para construir una relación basada en la confianza, donde los niños se sienten seguros para expresar sus pensamientos y emociones. Al mismo tiempo, la firmeza en los límites demuestra que los padres están comprometidos a mantener un entorno seguro y estructurado.

- **Reduce la dependencia del castigo y promueve soluciones constructivas:**
En la disciplina positiva, los padres evitan castigos severos y en su lugar optan por soluciones constructivas que ayudan a los niños a aprender de sus errores. Por ejemplo, en lugar de imponer una consecuencia punitiva cuando un niño no recoge sus juguetes, los padres pueden guiarlo para que asuma la responsabilidad de recogerlos él mismo, explicando cómo sus acciones afectan a los demás y su entorno. Al usar consecuencias lógicas y enseñar a resolver problemas, la disciplina positiva permite que los niños comprendan el impacto de sus acciones, promoviendo un aprendizaje duradero y efectivo en lugar de un temor temporal al castigo.

- **Desarrolla habilidades de comunicación y resolución de conflictos:**
La disciplina positiva también se centra en enseñar a los niños habilidades de comunicación asertiva y resolución de conflictos. Al modelar y guiar a los niños en la comunicación respetuosa y en la expresión de emociones de manera adecuada, los padres les enseñan a gestionar sus emociones y a resolver problemas sin recurrir a comportamientos agresivos o irrespetuosos. Los niños aprenden a expresar lo que sienten y necesitan de forma clara, lo cual reduce los malentendidos y mejora las relaciones con sus pares y adultos. Además, desarrollan habilidades para afrontar los desafíos y conflictos de manera calmada y constructiva, lo cual es esencial para su bienestar emocional y social.

- **Establece límites firmes de forma respetuosa y coherente:**
Uno de los pilares de la disciplina positiva es la firmeza

en los límites, pero siempre de una manera respetuosa y coherente. Los límites son necesarios para crear un ambiente seguro y predecible para los niños. Sin embargo, en lugar de imponerlos de manera autoritaria, los padres explican las razones detrás de cada límite y permiten que el niño exprese sus emociones y pensamientos sobre ellos. Esta combinación de firmeza y respeto ayuda a que el niño entienda que los límites existen por su bienestar, y que no son una imposición arbitraria. La coherencia es clave: cuando los límites se mantienen de manera constante, el niño aprende a confiar en las reglas y a internalizar el respeto hacia ellas.

- **Enseña empatía y consideración hacia los demás:**
La disciplina positiva fomenta la empatía al guiar a los niños a reflexionar sobre cómo sus acciones afectan a los demás. Cuando un niño comete un error o actúa de manera inapropiada, los padres pueden ayudarlo a reflexionar sobre el impacto de su comportamiento en las personas que le rodean. Por ejemplo, si un niño empuja a su hermano/a, en lugar de gritarle o castigarlo, los padres pueden hablar con él sobre cómo se sintió su hermano/a y cómo sus acciones causaron incomodidad. Esta reflexión promueve la empatía y ayuda al niño a desarrollar un sentido de responsabilidad social, que es esencial para formar relaciones positivas y respetuosas en el futuro.

- **Aumenta la autoestima y la seguridad emocional:**
Cuando los niños son educados bajo un enfoque de disciplina positiva, se sienten valorados y seguros, lo cual fortalece su autoestima y su confianza. Saber que sus padres los guían con respeto y comprensión, en lugar de castigos y críticas, ayuda a que los niños confíen en su capacidad para aprender y mejorar. Esta seguridad emocional se traduce en una mejor disposición para

afrontar nuevos desafíos, ya que saben que no serán juzgados severamente por cometer errores. La disciplina positiva les permite crecer en un entorno de aceptación y apoyo, lo que potencia su autoconfianza y les proporciona una base sólida para enfrentar situaciones adversas.

La disciplina positiva funciona porque no se centra solo en corregir conductas a corto plazo, sino en desarrollar habilidades emocionales y sociales que beneficiarán a los niños a lo largo de sus vidas. Este enfoque permite que los niños comprendan el valor de la autodisciplina, la responsabilidad y el respeto mutuo, en lugar de simplemente temer las consecuencias de sus acciones.

Cómo establecer límites claros y razonables

Establecer límites claros y razonables es una parte esencial de la disciplina positiva, que combina firmeza con respeto para enseñar a los niños a actuar de manera autónoma, respetuosa y responsable. Los límites no solo ofrecen estructura y seguridad, sino que también ayudan a los niños a desarrollar habilidades de autocontrol, responsabilidad y empatía. Los límites saludables crean un entorno predecible y seguro, en el que los niños saben lo que se espera de ellos y por qué, permitiéndoles sentirse seguros y guiados. Para que los límites sean efectivos, es fundamental que sean claros, razonables y que se mantengan con coherencia y respeto.

Estudios científicos, como los realizados por la psicóloga Diana Baumrind sobre estilos de crianza, han demostrado que el estilo de crianza de autoridad afectiva, que incluye límites claros con afecto y apoyo, tiene un impacto positivo en el desarrollo emocional y social de los niños. Los niños criados con límites razonables y consistentes tienden a tener una mayor autoestima, una mejor autorregulación emocional y una mayor capacidad para enfrentar desafíos.

Aquí te explicaré, cómo establecer estos límites de manera práctica y efectiva, alineado con los principios de la disciplina positiva.

1. Definir el propósito de cada límite

Establecer un límite con propósito es esencial para que los niños comprendan su valor y desarrollen un respeto genuino hacia las normas. Cuando los padres tienen claro el propósito detrás de cada límite, pueden transmitir de manera efectiva la razón de su existencia, lo cual facilita que el niño lo internalice y lo cumpla. En la disciplina positiva, un límite no se impone simplemente para ejercer autoridad, sino que debe cumplir una función práctica o emocional que el niño pueda entender y aceptar. Este enfoque ayuda a que el niño vea el límite como una guía para su bienestar y no como una restricción arbitraria, generando una actitud de cooperación en lugar de resistencia.

El propósito detrás de un límite puede variar: proteger la seguridad del niño, promover su bienestar, fomentar habilidades de autocontrol, enseñar responsabilidad o respeto hacia los demás. Un límite claro y con propósito ayuda a que los niños comprendan no solo el "qué" sino también el "por qué" de las normas, lo cual les permite desarrollar habilidades de autodisciplina y responsabilidad. Los límites con un propósito claro también fortalecen la confianza entre padres e hijos, ya que el niño se siente valorado y respetado al saber que sus padres no establecen normas sin razón.

Cómo comunicar el propósito de los límites

Para que los niños comprendan el propósito de un límite, es importante que los padres comuniquen la razón de forma sencilla, directa y adaptada a su edad. En lugar de limitarse a decir "No hagas esto" o "No toques eso", los padres pueden explicar cómo el límite contribuye al bienestar del niño o al de los demás. Este enfoque no solo aumenta la comprensión, sino que también enseña a los niños a tomar decisiones más conscientes.

- **Ejemplo de comunicación**: En lugar de decir simplemente "No juegues con objetos frágiles", se puede explicar: "Esos objetos son frágiles y pueden romperse fácilmente. Si se caen, pueden lastimarte o romperse, y queremos que estés seguro". Esta explicación permite que el niño comprenda que el límite no es una imposición, sino una medida de cuidado.

Cuando el niño entiende que los límites tienen un propósito que está alineado con su bienestar y el de los demás, su disposición a respetarlos aumenta. Este proceso es clave para construir una **autonomía responsable**, ya que los niños desarrollan un sentido de control interno y aprenden a tomar decisiones informadas basadas en el contexto.

Beneficios de los límites con propósito

- **Fomentan el autocontrol y la responsabilidad personal:** Cuando los niños comprenden la razón detrás de un límite, están más dispuestos a regular su comportamiento, incluso sin supervisión constante. Al explicar el propósito de una norma, los padres le dan al niño una herramienta para tomar decisiones informadas. Esta comprensión fomenta el desarrollo del autocontrol y les ayuda a internalizar las normas, promoviendo una conducta guiada por principios en lugar de un simple cumplimiento por miedo al castigo. Esto se traduce en una mayor responsabilidad personal, ya que el niño sabe por qué está actuando de una determinada manera y aprende a considerar los efectos de sus acciones.

- **Construyen relaciones de confianza y respeto:**
Explicar el propósito de los límites crea un ambiente de respeto mutuo entre padres e hijos. Cuando los niños sienten que sus padres se toman el tiempo para explicar las normas en lugar de imponerlas sin explicación, interpretan esta acción como una muestra de respeto. Los niños comprenden que sus padres no buscan solo ejercer control, sino guiarlos y protegerlos. Este enfoque fomenta una relación de confianza y hace que el niño se sienta valorado, lo cual fortalece los lazos familiares y la disposición del niño a seguir los límites de forma voluntaria.

- **Ayudan al desarrollo de un sentido crítico y de discernimiento:**
Al entender el propósito detrás de un límite, los niños desarrollan un pensamiento crítico que les permite aplicar los principios detrás de la norma en otras situaciones. Por ejemplo, si un niño comprende que no debe jugar cerca de las escaleras para evitar caídas, puede extrapolar este límite a otras situaciones en las que la seguridad es importante, como evitar correr en superficies mojadas. Este desarrollo de discernimiento ayuda al niño a interpretar las normas de manera flexible y a tomar decisiones de manera más autónoma y segura en su vida cotidiana.

La Universidad de Stanford ha realizado estudios que muestran que los niños son más propensos a respetar los límites cuando comprenden el propósito detrás de ellos. En estos estudios, se encontró que los niños que recibieron explicaciones sobre las normas, en lugar de simplemente órdenes, desarrollaron un sentido de autocontrol más sólido y mostraron una mayor disposición a seguir las reglas en comparación con aquellos que solo recibieron instrucciones autoritarias. Los investigadores concluyeron que, al comprender la razón detrás de los límites, los niños internalizan mejor las normas y son capaces de regular su comportamiento con menos supervisión externa.

Recuerda que establecer límites con explicaciones y propósito, contribuye al desarrollo de la autoestima y a una mayor adaptación social en los niños. Los niños educados en este estilo son más seguros, independientes y presentan una menor resistencia a la autoridad, ya que interpretan los límites como guías en lugar de restricciones.

Consejos para definir límites con propósito

- **Identificar la razón del límite antes de comunicarlo**: Antes de establecer una norma, reflexiona sobre el propósito de ese límite. Pregúntate por qué es importante y cómo beneficiará al niño. Esto te permitirá tener una razón clara y válida que podrás explicar fácilmente, aumentando la probabilidad de que el niño lo respete.
- **Utilizar un lenguaje sencillo y adaptado a la edad del niño**: Al explicar el propósito de un límite, es esencial adaptar el lenguaje a la edad y comprensión del niño. Los niños pequeños comprenden mejor explicaciones sencillas y directas, mientras que los mayores pueden entender razones más complejas. Ajustar el lenguaje a la etapa del niño facilita su comprensión y aumenta su disposición a cumplir con el límite.

- **Invitar al niño a hacer preguntas sobre el límite**: Permitir que el niño haga preguntas sobre el límite ayuda a reforzar su comprensión y a generar un diálogo abierto. Si el niño tiene dudas sobre el propósito, anímalo a expresarlas y responde con paciencia. Esta apertura refuerza la confianza en el límite y muestra al niño que su opinión es valorada.

- **Usar ejemplos cotidianos para relacionar el límite con el bienestar del niño**: Relacionar los límites con ejemplos concretos de su vida cotidiana ayuda al niño a entender el impacto del límite en su bienestar. Por ejemplo, si el límite es "no correr dentro de la casa", puedes explicarle que correr puede ser peligroso porque podría tropezar con los muebles, lo cual le ayudaría a visualizar el riesgo y a tomar la norma en serio.

2. Mantener los límites claros y específicos

La claridad en los límites es esencial para que los niños comprendan y respeten las normas familiares. Cuando los límites son vagos o ambiguos, los niños pueden tener dificultades para interpretar lo que se espera de ellos y, como resultado, podrían actuar de maneras que los padres no desean. Al establecer límites claros y específicos, los padres ofrecen una guía concreta que facilita la toma de decisiones del niño y fomenta su autonomía al entender de manera precisa cómo comportarse en diferentes situaciones. La especificidad en los límites también refuerza la coherencia y el respeto, reduciendo la necesidad de correcciones constantes.

Los estudios del National Institute of Child Health and Human Development (Instituto Nacional de Salud Infantil y Desarrollo Humano) sobre comunicación en la crianza han demostrado que los niños son mucho más receptivos y cooperativos cuando los límites están claramente definidos. Al comprender exactamente qué se espera de ellos, los niños pueden tomar decisiones informadas sobre su comportamiento y se sienten más seguros en su entorno. La claridad en los límites ayuda a los niños a desarrollar habilidades de autorregulación y autodisciplina, ya que entienden las expectativas sin interpretaciones confusas o inconsistentes.

Importancia de la claridad en los límites

- **Evita malentendidos y reduce la frustración:**
  Cuando los límites son claros, los niños saben lo que se espera de ellos, lo cual disminuye la posibilidad de malentendidos. Los límites vagos pueden llevar al niño a actuar de manera inapropiada sin darse cuenta de que está rompiendo una norma, lo que provoca correcciones constantes que pueden resultar en frustración para ambas partes. La claridad en los límites permite al niño actuar con confianza y reduce la necesidad de correcciones, ya que el comportamiento adecuado se entiende de antemano.

- **Promueve la autonomía y el autocontrol:**
  Los límites claros y específicos brindan a los niños una estructura en la que pueden tomar decisiones de manera autónoma, sabiendo cómo actuar en diferentes contextos. Al saber qué se espera de ellos, los niños desarrollan la capacidad de autorregularse y aprenden a manejar su comportamiento en función de los límites establecidos. Por ejemplo, si el límite en una tienda es "Permanecer cerca del carrito de compras y hablar en voz baja", el niño puede gestionar su conducta sin necesidad de recordatorios constantes, ya que entiende de manera específica cómo debe comportarse.

- **Fortalece la coherencia y la confianza en la relación:**
  Los límites específicos y consistentes crean una atmósfera

de coherencia en la que el niño puede prever lo que sucederá si respeta o incumple los límites. Esta consistencia genera confianza en la relación entre padres e hijos, ya que los niños saben que las normas se mantienen de manera estable y que el comportamiento esperado no cambia de un momento a otro. La confianza se construye sobre la base de expectativas claras, donde el niño sabe que el límite es comprensible y justo.

Cómo establecer límites específicos y claros

- **Usa un lenguaje claro y directo:**
  Al comunicar el límite, es fundamental utilizar un lenguaje simple y directo, adaptado a la edad del niño. En lugar de decir "Compórtate bien", que es un término amplio y vago, se puede especificar qué implica "comportarse bien" en esa situación. Por ejemplo, si están en un restaurante, decir "En el restaurante, vamos a hablar en voz baja y quedarnos sentados en la mesa" ayuda al niño a visualizar el comportamiento esperado de manera concreta.

- **Establece ejemplos específicos de comportamiento adecuado:**
  En lugar de limitarse a enunciar el límite, ofrecer ejemplos de comportamiento adecuado en el contexto ayuda al niño a entender de forma precisa qué se espera. Por ejemplo, si el límite es "No interrumpir cuando alguien más está hablando", puedes modelar cómo esperar su turno levantando la mano o tocando suavemente tu brazo si necesita algo urgente. Esto permite que el niño asocie la norma con ejemplos claros y prácticos, lo cual facilita su cumplimiento.

- **Define el contexto del límite:**
  Algunos límites pueden variar según el contexto, por lo

que es importante explicar en qué momentos se aplica el límite y en cuáles puede haber mayor flexibilidad. Por ejemplo, decir "En casa podemos hablar en voz alta, pero en la biblioteca debemos susurrar" ayuda a que el niño entienda que el límite es específico al entorno. Definir el contexto les permite a los niños ajustar su comportamiento según el lugar y las circunstancias, aumentando su capacidad de adaptación y respeto por el entorno.

Beneficios de los límites claros y específicos

- **Mejora la comprensión y la cooperación:**
  Los estudios han demostrado que los niños cooperan más y responden mejor cuando los límites están claramente definidos. La especificidad en las normas evita interpretaciones erróneas y permite que los niños comprendan lo que se espera de ellos sin necesidad de recordatorios constantes. Cuando el límite está claramente explicado, los niños tienden a cumplirlo de manera más natural, lo que reduce la necesidad de correcciones o intervenciones.

- **Fomenta la autodisciplina y el desarrollo de la toma de decisiones:**
  Al establecer límites claros y específicos, los niños aprenden a regular su comportamiento y a tomar decisiones dentro de un marco previsible y seguro. Esta claridad en las normas permite que los niños desarrollen la **autodisciplina**, ya que no actúan solo para evitar una consecuencia, sino que también comprenden el valor de respetar el límite. La claridad en los límites les permite practicar la toma de decisiones de manera responsable y respetuosa.

- **Reduce los conflictos y el estrés en el entorno familiar:**
  Los límites claros disminuyen los conflictos familiares, ya

que cada miembro sabe lo que se espera de él o ella. Cuando los límites son vagos o cambian constantemente, es más probable que los niños se sientan confundidos y prueben los límites, lo que lleva a correcciones constantes. Los límites bien definidos y específicos ayudan a evitar estas situaciones, reduciendo el estrés tanto para los padres como para los hijos.

Ejemplos de límites claros y específicos

- **Ejemplo de límite en casa**: En lugar de decir "Deja de hacer ruido", especifica: "Dentro de casa hablamos en voz baja para que todos podamos descansar y concentrarnos".

- **Ejemplo de límite en lugares públicos**: En lugar de decir "Compórtate bien en el parque", especifica: "En el parque, esperamos nuestro turno en el tobogán y tratamos a los demás con respeto".

- **Ejemplo de límite para el tiempo de pantalla**: En lugar de decir "No te pases todo el día viendo la televisión", especifica: "Vamos a ver televisión solo después de hacer las tareas y solo por una hora".

Errores comunes al establecer límites y cómo evitarlos

- **Evitar ser demasiado general o vago:**
  Como ya lo hemos analizado, límites como "Sé bueno" o "Compórtate" no son específicos y pueden llevar al niño a interpretar el comportamiento adecuado según su propio criterio, que podría no coincidir con las expectativas de los padres. Es importante evitar términos vagos y optar por frases específicas que no dejen espacio para confusiones. En lugar de "Sé bueno", usar una frase como "Vamos a ayudar a recoger los juguetes después de

jugar" proporciona una indicación clara del comportamiento adecuado.

- **No esperar que el niño entienda el límite sin ejemplos o guía:**

  Algunos padres pueden asumir que el niño comprenderá automáticamente el límite solo con enunciarlo, sin darse cuenta de que los niños, especialmente los más pequeños, necesitan ejemplos claros para interiorizar la norma. Proporcionar ejemplos concretos de comportamiento adecuado ayuda al niño a entender lo que se espera de él en distintas situaciones.

- **Cambiar los límites constantemente:**

  La inconsistencia en los límites puede confundir al niño y hacer que pierda el respeto por las normas. Es importante mantener los límites estables y ser coherente al aplicarlos. Por ejemplo, si el límite en casa es no saltar en el sofá, es importante que este límite se mantenga sin excepciones repentinas, ya que cambiar la norma con frecuencia puede llevar al niño a probar los límites en otras situaciones.

Mantener los límites claros y específicos es una de las prácticas más efectivas para guiar el comportamiento infantil de manera positiva. Al comprender exactamente lo que se espera de ellos, los niños desarrollan una mejor capacidad para autorregularse y cooperar. La claridad en los límites les permite actuar de manera autónoma y responsable, promoviendo habilidades de autocontrol y adaptabilidad en diferentes contextos. Al comunicar los límites con precisión y ofrecer ejemplos concretos, los padres ayudan a sus hijos a desarrollar una relación positiva y respetuosa con las normas, lo cual es fundamental para su desarrollo emocional y social a largo plazo.

3. Ser consistente y coherente con los límites

La consistencia y la coherencia son elementos fundamentales en la disciplina positiva, ya que permiten que los niños comprendan que los límites son estables, predecibles y confiables. La coherencia en los límites establece una estructura sólida en la que los niños se sienten seguros, ya que saben lo que se espera de ellos y pueden anticipar las consecuencias de sus acciones. La estabilidad de los límites refuerza su importancia y ayuda a que los niños internalicen las normas con mayor facilidad, desarrollando habilidades de autocontrol y autorregulación.

Cuando los límites cambian constantemente o se aplican de manera inconsistente, los niños tienden a cuestionar su valor o incluso a probar hasta dónde pueden llegar. Esta situación no solo genera confusión, sino que también debilita el respeto por la norma, ya que el niño percibe que puede no ser significativa o que no siempre será aplicada. Al mantener los límites de forma coherente, los padres transmiten el mensaje de que las normas no son arbitrarias, sino necesarias para el bienestar y la convivencia familiar.

Un estudio de la American Academy of Pediatrics (Academia Americana de Pediatría) sobre disciplina y desarrollo infantil encontró que la consistencia en los límites ayuda a los niños a desarrollar una mejor autorregulación y control de sus impulsos. Los niños que crecen en entornos donde los límites se aplican de manera coherente muestran menos problemas de conducta, ya que internalizan las normas como parte de su vida diaria. La consistencia en los límites, por lo tanto, no solo beneficia a los padres en términos de manejo de conducta, sino que también contribuye positivamente al desarrollo emocional y social del niño.

Importancia de la consistencia en los límites

- **Refuerza la seguridad y la confianza en el entorno familiar:**
  La coherencia en los límites establece una estructura confiable que permite a los niños sentirse seguros en su entorno. Cuando los límites se mantienen constantes, los niños pueden prever lo que sucederá en cada situación, lo cual reduce la ansiedad y les permite actuar con seguridad. Esta estabilidad también contribuye a que el niño desarrolle confianza en sus padres y en la relación familiar, ya que entiende que las normas se aplican de manera justa y constante.

- **Facilita el desarrollo de la autorregulación:**
  La consistencia en los límites permite que los niños desarrollen habilidades de autorregulación, ya que pueden predecir las consecuencias de sus acciones y ajustarse a las expectativas. Al saber que un límite será respetado y aplicado en todo momento, el niño aprende a regular su comportamiento de acuerdo con ese límite, incluso en situaciones donde no hay supervisión directa. Esta práctica contribuye al desarrollo de la autodisciplina y de un sentido interno de control sobre su conducta.

- **Promueve el respeto por las normas y la responsabilidad:**
  Cuando los límites se aplican de manera coherente, los niños aprenden a respetar las normas y a asumir responsabilidad por sus acciones. La consistencia demuestra que los límites son importantes y que no pueden ser ignorados o modificados arbitrariamente. Esto refuerza el respeto hacia las normas y fomenta una relación de responsabilidad en el niño, quien entiende que sus decisiones tienen consecuencias previsibles y estables.

Cómo ser consistente y coherente con los límites

- **Establecer límites claros desde el principio:**
  Para lograr consistencia, es importante que los límites sean claros y específicos desde el inicio. Antes de implementar un límite, asegúrate de que tú mismo/a entiendes por qué es importante y cómo lo comunicarás al niño. Al establecer un límite claro, estás creando una base sobre la cual se construirá la coherencia, permitiendo que tanto los padres como el niño comprendan qué se espera y cómo se aplicará.

- **Aplicar los límites de manera constante:**
  La consistencia implica que el límite se aplique de la misma forma en todas las ocasiones. Si el límite es que la hora de dormir es a las 8:30 p.m., es fundamental mantener esa hora a diario, a menos que haya una razón clara para hacer una excepción, como una celebración o un evento especial. La constancia en los límites enseña al niño que las normas no dependen del estado de ánimo o de las circunstancias externas, sino que son parte de la estructura familiar.

- **Evitar excepciones sin una razón válida:**
  Si bien es normal que existan excepciones en situaciones específicas, estas deben ser explicadas al niño de manera clara para que entienda que el límite sigue siendo importante. Por ejemplo, si el límite de ver televisión es de una hora al día, pero se permite una excepción durante una ocasión especial, es importante aclarar que esta es una excepción única. Evitar excepciones sin razón puede hacer que el niño interprete que el límite no es importante y que puede ser modificado fácilmente.

- **Asegurarse de que todos los cuidadores sigan los mismos límites:**
  La consistencia en los límites es efectiva cuando todos los

cuidadores y figuras de autoridad en la vida del niño siguen las mismas normas. Esto incluye a los padres, abuelos, cuidadores y otras personas involucradas en la crianza. Si un padre establece un límite y el otro permite que el niño lo ignore, se genera confusión y el niño puede comenzar a cuestionar la validez del límite. Alinear los límites entre todos los cuidadores refuerza su importancia y evita conflictos de interpretación.

- **Reafirmar el valor del límite cuando el niño lo desafíe:** Es natural que los niños prueben los límites en algún momento. Cuando esto ocurra, es importante reafirmar el límite de manera calmada y consistente, recordando al niño su propósito y la importancia de seguirlo. Al responder de manera calmada, los padres muestran que el límite no depende de la situación o de la insistencia del niño, sino que se aplica de forma constante y estable.

Ejemplo de consistencia en la práctica

Imaginemos que el límite establecido en casa es que la hora de dormir es a las 8:30 p.m. Para mantener la consistencia:

- **Aplica el límite de manera constante**: Todos los días, asegúrate de que el niño esté preparado para ir a dormir a la misma hora.
- **Evita hacer excepciones sin razón clara**: Si permites que el niño se quede despierto hasta tarde sin una razón válida, podría comenzar a cuestionar la importancia del límite.
- **Explica cualquier excepción**: Si hay una excepción, como una noche especial en la que hay una actividad familiar, aclara que es una ocasión única y que la hora de dormir volverá a ser la misma al día siguiente.
- **Reafirma el límite cuando el niño lo cuestione**: Si el niño pide quedarse despierto, reafirma el límite diciendo

algo como: "La hora de dormir es importante para que descanses y tengas energía mañana. Mañana nos acostaremos a la hora habitual".

Errores comunes al aplicar los límites y cómo evitarlos

- **Cambiar el límite según el estado de ánimo o la situación**
  A veces, los padres pueden ser más permisivos o estrictos dependiendo de su propio estado de ánimo o de la situación del momento. Esto genera inestabilidad en el límite y puede confundir al niño. Para evitar este error, es importante que el límite se mantenga estable independientemente de las circunstancias, transmitiendo que las normas tienen un valor constante.

- **Inconsistencia entre los cuidadores**
  La falta de acuerdo entre los cuidadores puede enviar señales contradictorias al niño, quien podría interpretar que las normas no son importantes o que solo se deben cumplir cuando cierta persona está presente. La comunicación entre cuidadores es fundamental para alinear los límites y asegurarse de que todos los involucrados mantengan las mismas expectativas.

Beneficios de la consistencia en los límites

- **Desarrolla la autodisciplina y el autocontrol en los niños**
  La consistencia enseña a los niños a actuar de manera autónoma dentro de un marco previsible. Al saber que los límites son constantes, el niño puede regular su comportamiento en función de las expectativas sin necesidad de supervisión constante. Esto fomenta la

autodisciplina y la capacidad de tomar decisiones responsables.

- **Reduce la resistencia y los conflictos**

  La coherencia en los límites disminuye la resistencia, ya que el niño sabe que la norma se aplicará de la misma manera en cada ocasión. Esto reduce la tendencia a probar los límites y a cuestionar su validez, ya que el niño sabe que el límite es estable y no depende de factores externos.

- **Crea una atmósfera de seguridad y confianza**

  Los límites consistentes transmiten al niño que su entorno es predecible y seguro, lo cual reduce la ansiedad y le permite actuar con confianza. La estabilidad en los límites también genera una relación de confianza con los padres, quienes demuestran su compromiso y firmeza en la crianza.

Ser consistente y coherente con los límites es esencial para el desarrollo emocional y conductual de los niños. Los límites claros y constantes no solo enseñan al niño a autorregularse, sino que también fomentan una relación de respeto y confianza en el entorno familiar.

4. Asegurarse de que los límites sean razonables y apropiados para la edad

Establecer límites razonables y acordes a la edad y etapa de desarrollo de cada niño es fundamental para promover su bienestar emocional y su aprendizaje. Los límites bien diseñados no solo orientan el comportamiento del niño, sino que también le ofrecen oportunidades para desarrollar habilidades y asumir responsabilidades de manera gradual. Cuando los límites son realistas y alcanzables, el niño siente que puede cumplir con ellos y comprende su propósito, lo cual fomenta su autonomía y su autoestima. En cambio, los límites excesivamente rígidos o exigentes generan frustración y, en muchos casos, resistencia; mientras que los límites demasiado permisivos o poco claros pueden llevar a que el niño no los tome en serio y no desarrolle habilidades de autocontrol.

El psicólogo infantil Jean Piaget, reconocido por sus estudios sobre el desarrollo cognitivo, mostró que los niños pasan por diferentes etapas en las que sus capacidades cognitivas y emocionales varían significativamente. Lo que es adecuado para un niño de tres años puede no serlo para un niño de diez, ya que cada etapa implica un conjunto diferente de habilidades y necesidades. Al adaptar los límites a la edad y al desarrollo del niño, los padres pueden guiar de manera efectiva su comportamiento, brindándole oportunidades para crecer, asumir responsabilidades y sentirse capaz de cumplir con las expectativas.

Importancia de los límites adaptados a la edad

- **Facilita el cumplimiento y la comprensión del límite:**
  Cuando un límite es adecuado a la etapa de desarrollo del niño, es más probable que este lo cumpla, ya que se siente capaz de hacerlo. Un límite realista y alcanzable le permite al niño comprender lo que se espera de él y actuar en consecuencia, lo cual reduce la frustración y aumenta la probabilidad de que respete la norma. Por ejemplo, pedir a un niño de cuatro años que guarde sus juguetes en una caja es algo alcanzable, mientras que esperar que limpie toda su habitación podría resultar abrumador.

- **Fomenta un sentido de logro y autoestima:**
  Los límites que se ajustan a las habilidades del niño le brindan una oportunidad de éxito y de sentirse competente. Cumplir con una norma o un límite

adecuado refuerza su sentido de logro y mejora su autoestima, ya que el niño experimenta una sensación de autonomía y competencia. Este sentimiento de éxito es esencial para que el niño desarrolle confianza en sí mismo y esté motivado para asumir mayores responsabilidades conforme crece.

- **Desarrolla habilidades y responsabilidades de manera progresiva:**
  Al adaptar los límites a la edad del niño, se le permite desarrollar nuevas habilidades y asumir mayores responsabilidades de manera gradual. Un límite adecuado a su desarrollo no solo es una guía de comportamiento, sino también una herramienta para el aprendizaje. Con el tiempo, los límites pueden ajustarse para que el niño aprenda habilidades más avanzadas y se convierta en un individuo autónomo y responsable.

Cómo establecer límites razonables y apropiados para la edad

- **Evaluar las capacidades y necesidades de desarrollo del niño:**
  Antes de establecer un límite, es importante considerar la etapa de desarrollo del niño y sus capacidades. Para los niños más pequeños, los límites deben enfocarse en el autocuidado, la seguridad y el manejo de emociones, mientras que para los niños mayores, pueden incluir aspectos de responsabilidad y colaboración en el hogar. Comprender las capacidades físicas y cognitivas de cada etapa ayuda a los padres a establecer límites que el niño puede cumplir y que responden a sus necesidades de crecimiento.

- **Adaptar las expectativas al nivel de autonomía del niño:**
  Es fundamental ajustar los límites de manera que se adapten al nivel de independencia que el niño ha

alcanzado. Un niño de dos años, por ejemplo, puede aprender a guardar un solo juguete en su lugar, mientras que un niño de cinco años puede encargarse de organizar sus pertenencias en una caja. A medida que el niño crece, el límite puede ampliarse gradualmente para incluir responsabilidades mayores, como ordenar su habitación o ayudar con tareas sencillas del hogar. Esta adaptación permite que el niño sienta que progresa y contribuye de manera significativa a su entorno.

- **Establecer límites que ofrezcan un reto alcanzable:** Los límites no deben ser tan fáciles que el niño no necesite esforzarse, ni tan difíciles que resulten inalcanzables. Un límite que ofrece un desafío moderado permite al niño esforzarse y experimentar el éxito, desarrollando así su autoestima y su capacidad de perseverancia. Por ejemplo, pedir a un niño de seis años que ordene sus útiles escolares le permite desarrollar su sentido de organización sin sobrecargarlo.

- **Revisar y ajustar los límites según el crecimiento del niño:** A medida que el niño crece y adquiere nuevas habilidades, es importante revisar y ajustar los límites para que sigan siendo apropiados y significativos. Un límite que era adecuado para un niño de tres años puede ser demasiado restrictivo para un niño de siete, quien ya ha desarrollado nuevas capacidades y autonomía. La revisión periódica de los límites permite que estos se adapten a las necesidades del niño y que sigan siendo una guía útil para su desarrollo.

Ejemplos de límites adaptados a la edad

- **Para niños pequeños (2-4 años)**: Los límites en esta etapa se centran en la seguridad y el autocuidado básico. Por ejemplo, un límite razonable puede ser "Guardar un juguete en su lugar después de jugar". Esta expectativa es clara y alcanzable para un niño pequeño, y fomenta el sentido de orden y responsabilidad de una manera simple y manejable.

- **Para niños en edad preescolar (4-6 años)**: Los límites pueden ampliarse para incluir más responsabilidad, como "Recoger los juguetes y colocarlos en la caja antes de la cena". En esta etapa, los niños están aprendiendo a seguir instrucciones de varios pasos y a ser más independientes, por lo que un límite ligeramente más amplio es adecuado para su capacidad de organización.

- **Para niños mayores (7-10 años)**: Los límites pueden enfocarse en responsabilidades más complejas, como "Mantener tu escritorio ordenado al final de cada día escolar". A esta edad, los niños desarrollan habilidades de organización y pueden asumir más tareas de manera autónoma, lo cual fortalece su sentido de responsabilidad y su capacidad para manejar sus propios espacios.

Beneficios de adaptar los límites a la etapa de desarrollo

- **Reducción de la frustración y la resistencia:**
  Los límites realistas y alcanzables generan menos frustración en los niños, ya que no los presionan más allá de sus capacidades. Cuando los niños sienten que pueden cumplir con una norma, están más dispuestos a seguirla sin resistencia. Por el contrario, los límites demasiado rígidos o difíciles de alcanzar pueden llevar a que el niño se sienta abrumado y pierda la motivación para cumplir con las expectativas.

- **Mejora de la autoestima y el sentido de competencia:**
  Cumplir con los límites adecuados a su edad permite que el niño experimente éxito y refuerza su sentido de competencia. Este éxito es crucial para su autoestima, ya

que cada logro aumenta su confianza en sus habilidades y le da la seguridad de que puede asumir nuevas tareas con el tiempo.

- **Desarrollo de habilidades a través de desafíos graduales:**
Los límites adaptados a la edad del niño actúan como desafíos alcanzables que le permiten desarrollar nuevas habilidades y asumir mayores responsabilidades de manera gradual. A medida que los límites se ajustan con el crecimiento del niño, este experimenta un progreso constante, lo cual fortalece su capacidad de afrontar situaciones nuevas y complejas.

- **Creación de una dinámica de aprendizaje y crecimiento continuo:**
Adaptar los límites a la edad y las habilidades del niño crea un entorno en el que el aprendizaje y el crecimiento son continuos. A medida que el niño supera un límite o adquiere una habilidad, los padres pueden introducir nuevos límites que se ajusten a su desarrollo, generando un ciclo positivo de aprendizaje, responsabilidad y logro.

Errores comunes al establecer límites y cómo evitarlos

- **Exigir demasiado para la edad del niño:**
A veces, los padres pueden establecer límites que son demasiado exigentes para el nivel de desarrollo del niño, lo cual puede llevar a la frustración y a la falta de cumplimiento. Para evitar esto, es importante conocer y respetar las capacidades del niño en cada etapa y evitar imponer responsabilidades para las cuales aún no está preparado.

- **Ser demasiado permisivo y no establecer límites claros:**
El miedo a imponer límites puede llevar a algunos padres a ser excesivamente permisivos, lo cual no

permite que el niño desarrolle habilidades de autocontrol. Los límites deben estar presentes y ser claros, de modo que el niño entienda lo que se espera de él y tenga una estructura que le permita desarrollar habilidades de responsabilidad.

- **No ajustar los límites con el crecimiento del niño:**
  Los límites que son apropiados para un niño pequeño pueden resultar insuficientes para un niño mayor. Es importante revisar los límites regularmente y ajustarlos conforme el niño crece y se desarrolla. Esto permite que el niño siga sintiéndose desafiado y motivado a asumir nuevas responsabilidades.

Asegurarse de que los límites sean razonables y adecuados a la etapa de desarrollo del niño es esencial para que estos sean efectivos y promuevan un crecimiento saludable. Los límites adaptados no solo facilitan el cumplimiento y reducen la resistencia, sino que también fortalecen la autoestima, el sentido de competencia y la capacidad de autorregulación en los niños. Al ofrecer límites que sean apropiados y alcanzables, los padres pueden guiar a sus hijos de manera respetuosa y efectiva, ayudándoles a desarrollar habilidades y a asumir responsabilidades de manera gradual y positiva.

5. Involucrar al niño en la creación de límites cuando sea posible

Involucrar a los niños en la creación de ciertos límites es una práctica efectiva en la disciplina positiva, ya que les permite comprender el propósito de las normas y sentirse valorados en el proceso. Cuando un niño participa en el establecimiento de los límites, no solo aumenta su disposición a respetarlos, sino que también desarrolla habilidades de responsabilidad, autocontrol y comunicación.

Esta participación activa en la creación de límites les enseña a negociar, a escuchar la perspectiva de los demás y a entender que las normas existen para mejorar la convivencia y su propio bienestar. Los límites establecidos en conjunto se vuelven significativos, ya que los niños los ven como acuerdos razonables en lugar de simples imposiciones.

Un estudio de la Universidad de Harvard sobre la participación infantil en la toma de decisiones familiares mostró que los niños que colaboran en la creación de normas presentan un sentido de pertenencia más sólido y una mayor autoestima. Estos niños tienden a mostrar un respeto más genuino por los límites, ya que han sido parte de su construcción y han tenido la oportunidad de entender el propósito detrás de cada norma. Además, el proceso de negociación y diálogo les brinda habilidades importantes para resolver conflictos y tomar decisiones informadas en el futuro.

Importancia de involucrar al niño en la creación de límites

- **Refuerza el sentido de responsabilidad y pertenencia:** Cuando los niños participan en la creación de los límites, sienten que tienen un rol activo y valioso en la dinámica familiar. Esta participación fomenta un sentido de pertenencia y responsabilidad, ya que los niños ven que sus opiniones son valoradas y que contribuyen al bienestar del hogar. Al sentir que los límites son acuerdos y no imposiciones, están más dispuestos a cumplirlos y a ser responsables de sus acciones, ya que entienden que han sido escuchados y que su opinión ha sido considerada.
- **Facilita la comprensión y el respeto hacia las normas:** Involucrar al niño en el proceso de creación de límites le permite entender la lógica y el propósito detrás de cada

norma, lo cual facilita su cumplimiento. Cuando los niños comprenden el porqué de un límite, es más probable que lo respeten, ya que lo ven como algo razonable y útil, en lugar de una regla arbitraria. Esta comprensión fomenta un respeto genuino hacia las normas y reduce la resistencia, ya que el niño ha participado en la construcción del límite.

- **Desarrolla habilidades de comunicación y negociación:** La participación en la creación de límites brinda a los niños la oportunidad de expresar sus opiniones, negociar y comprender diferentes perspectivas. Al participar en el proceso de diálogo, los niños aprenden a comunicar sus ideas de manera asertiva y a llegar a acuerdos colaborativos. Estas habilidades de comunicación y negociación son esenciales para su desarrollo emocional y social, ya que les enseñan a gestionar conflictos y a buscar soluciones en conjunto con los demás.

Cómo involucrar al niño en la creación de límites

- **Abrir un diálogo sobre el propósito del límite:** Al establecer un límite, es útil iniciar la conversación explicando el propósito de la norma y permitiendo que el niño comparta sus opiniones o preguntas. Por ejemplo, si se está estableciendo un límite sobre el tiempo de pantalla, puedes decir: "Queremos asegurarnos de que tengas tiempo para otras actividades importantes, como jugar afuera o hacer tareas. ¿Cuánto tiempo crees que sería razonable para ver televisión?". Esta apertura permite que el niño participe en la creación del límite desde el principio, comprendiendo la razón detrás de él.

- **Invitar al niño a proponer ideas y sugerencias:** Al pedir la opinión del niño sobre cómo establecer el límite, se le da un sentido de autonomía y se le anima a pensar en una solución. Por ejemplo, en lugar de imponer unilateralmente un límite de una hora de televisión, se puede preguntar: "¿Cuánto tiempo te gustaría dedicar a ver televisión cada día? ¿Cómo podemos asegurarnos de que también tengas tiempo para tus otras actividades?". Esto permite que el niño reflexione sobre el tiempo de manera equilibrada y llegue a un acuerdo razonable que incluya su perspectiva.

- **Negociar un acuerdo conjunto y razonable:**
Después de escuchar las sugerencias del niño, se puede negociar un acuerdo que sea apropiado y que todos consideren justo. La negociación implica escuchar al niño y, al mismo tiempo, mantener los objetivos del límite en mente. Por ejemplo, si el niño sugiere dos horas de tiempo de pantalla, pero el objetivo es una hora, se puede negociar una cantidad que ambos consideren razonable, como una hora y media en días especiales y una hora en días de escuela. Este proceso de negociación ayuda a que el niño sienta que sus opiniones son valoradas y a que entienda la importancia de comprometerse.

- **Aclarar las consecuencias de no cumplir el límite:**
Es importante que el niño comprenda las consecuencias de no respetar el límite, de manera que sepa lo que ocurrirá si decide ignorarlo. Estas consecuencias deben ser lógicas y relacionadas con el límite, lo cual ayuda a que el niño vea el límite como un acuerdo serio. Por ejemplo, si el límite es una hora de tiempo de pantalla y el niño lo excede, la consecuencia podría ser reducir el tiempo de pantalla al día siguiente. Explicar estas consecuencias en el proceso de creación del límite refuerza la responsabilidad y la importancia del acuerdo.

Beneficios de la participación del niño en la creación de límites

- **Aumenta la motivación y la disposición a cumplir con el límite:**
  Los niños tienden a cumplir con mayor disposición los límites que han ayudado a crear, ya que sienten que son parte del proceso y que han tenido voz en la decisión. Este sentido de participación aumenta su motivación para cumplir con el límite de manera voluntaria y reduce la necesidad de recordatorios constantes.

- **Fomenta la confianza y el respeto mutuo en la relación familiar:**
  Involucrar al niño en la creación de límites transmite respeto y confianza hacia él, ya que demuestra que su opinión es valorada y tomada en cuenta. Esta práctica fortalece la relación entre padres e hijos, creando un entorno de apoyo y colaboración en lugar de una relación de autoridad unilateral. Los niños que sienten que sus opiniones son escuchadas desarrollan un respeto genuino hacia sus padres y están más dispuestos a cooperar.

- **Desarrolla habilidades de toma de decisiones y responsabilidad:**
  Al participar en la creación de límites, el niño aprende a tomar decisiones de manera informada y a asumir responsabilidad por sus acciones. Esta experiencia le permite practicar el proceso de toma de decisiones y comprender la importancia de respetar los acuerdos, habilidades que serán útiles en todas las etapas de su vida.

Ejemplo práctico de creación conjunta de límites

Supongamos que el objetivo es establecer un límite en el tiempo de pantalla.

- **Paso 1**: Explica el propósito. "Queremos que tengas tiempo para otras actividades importantes, como hacer las tareas y jugar al aire libre. Por eso, necesitamos establecer un límite en el tiempo de pantalla".
- **Paso 2**: Invita al niño a sugerir una cantidad de tiempo razonable. Pregunta: "¿Cuánto tiempo crees que es razonable para ver televisión cada día?".
- **Paso 3**: Negocia un acuerdo conjunto. Si el niño sugiere dos horas pero se desea que sea solo una, se puede llegar a un compromiso, como una hora durante los días de escuela y una hora y media los fines de semana.
- **Paso 4**: Establece consecuencias en caso de no respetar el límite. Aclara: "Si excedes el tiempo, tendremos que reducirlo al día siguiente. ¿Te parece bien?".

Este proceso no solo facilita el cumplimiento del límite, sino que también le enseña al niño a negociar y a asumir la responsabilidad de su decisión.

Errores comunes al involucrar al niño en la creación de límites y cómo evitarlos

- **Ofrecer una participación que no es genuina:**
  Involucrar al niño en la creación de límites implica realmente valorar su opinión y estar dispuesto a negociar. Si los padres fingen dar al niño una elección, pero en realidad imponen su decisión sin escuchar, el niño podría percibirlo como una manipulación y perder la confianza. Para evitar esto, es importante escuchar y tomar en serio las sugerencias del niño, buscando compromisos que todos puedan aceptar.
- **No establecer límites cuando es necesario:**
  Si bien la participación del niño es valiosa, hay momentos en los que los padres deben tomar decisiones

firmes, especialmente en temas relacionados con la seguridad. En estos casos, se puede explicar al niño por qué el límite es innegociable, pero invitándolo a expresar su opinión y a entender el propósito de la norma.

- **Permitir negociaciones interminables:**
  Es importante que las negociaciones no se conviertan en discusiones interminables que resten valor al límite. Si el niño intenta renegociar constantemente o desafiar el límite ya acordado, es importante reafirmarlo de manera respetuosa y recordar que se llegó a un acuerdo en conjunto, sin ceder a modificaciones constantes.

Involucrar al niño en la creación de límites es una práctica efectiva que refuerza su sentido de responsabilidad y respeto hacia las normas familiares. Al participar en el proceso, los niños no solo comprenden mejor los límites, sino que también desarrollan habilidades importantes de negociación, comunicación y toma de decisiones.

6. Mantener la calma y ser firme al establecer y aplicar límites

La forma en que los padres comunican y aplican los límites es tan crucial como los propios límites. En la disciplina positiva, se destaca la importancia de comunicar los límites con firmeza y calma, evitando gritos o amenazas que puedan generar miedo o resentimiento en el niño. La calma y la firmeza permiten que el niño perciba el límite como una norma estructural y positiva, y no como una imposición arbitraria que se le exige obedecer sin explicación. Cuando los límites se comunican de manera tranquila, se fortalece la cooperación y se fomenta una atmósfera de respeto mutuo.

Los estudios de Eisenberg y Fabes sobre la regulación emocional en la crianza infantil concluyen que los padres que aplican límites con calma y respeto logran una mayor cooperación y confianza en sus hijos. Estos niños aprenden a ver los límites como una parte natural de su vida en lugar de una fuente de tensión o miedo, lo cual refuerza su sentido de seguridad y los ayuda a regular su propio comportamiento.

Además, el tono calmado y respetuoso enseña a los niños a gestionar sus emociones y a comunicarse de manera asertiva, modelando una forma positiva de responder ante situaciones desafiantes.

Importancia de mantener la calma y ser firme en la aplicación de límites

- **Fomenta un ambiente de respeto y colaboración:**
  Cuando los límites se comunican con calma, los niños sienten que están en un entorno seguro y respetuoso. Esta calma ayuda a que el niño perciba el límite como una guía para su comportamiento y no como una restricción impuesta de forma autoritaria. Además, el tono sereno invita a la cooperación, ya que el niño ve a sus padres como una figura de apoyo en lugar de una figura de autoridad que lo controla. Esta colaboración reduce los conflictos y mejora la relación entre padres e hijos.
- **Promueve la autorregulación y el autocontrol en los niños:**
  Al comunicar los límites de manera calmada y firme, los padres modelan una conducta de autorregulación y autocontrol. Los niños observan cómo sus padres gestionan sus emociones y aplican los límites sin perder la calma, lo cual les enseña a responder de la misma forma cuando enfrentan situaciones de tensión. Esta habilidad es fundamental para el desarrollo emocional, ya que los niños aprenden que es posible gestionar los

conflictos sin recurrir a gritos, amenazas o reacciones impulsivas.

- **Refuerza la importancia y la coherencia de los límites:** La firmeza en la comunicación de los límites transmite al niño que la norma es importante y que se mantendrá sin importar las circunstancias. La firmeza, combinada con el respeto y la calma, muestra que los límites no son negociables o arbitrarios, sino que son parte de la estructura familiar. Esta consistencia refuerza el valor del límite y permite que el niño entienda que no se trata de una norma que depende del estado de ánimo del padre, sino de una guía constante para su bienestar.

Cómo comunicar los límites de manera calmada y firme

- **Usar un tono de voz sereno y neutral:** El tono de voz es fundamental al comunicar un límite. Utilizar un tono sereno y neutral permite que el niño se concentre en el mensaje en lugar de en la emoción del padre. Un tono calmado evita que el niño se sienta intimidado o a la defensiva, lo cual facilita su cooperación. Por ejemplo, en lugar de decir "¡Deja de hacer eso ya!" se puede decir "Vamos a dejar eso por ahora; no es seguro hacerlo de esta forma". Este tono invita al niño a seguir el límite sin sentir miedo o presión.
- **Explicar la razón detrás del límite de manera breve:** Para que el límite sea comprendido, es útil ofrecer una breve explicación de su propósito, lo cual también ayuda a mantener la calma. Explicar el motivo permite que el niño entienda que el límite no es arbitrario, sino que tiene una razón lógica. Por ejemplo, en lugar de decir "No grites", se puede decir: "En la casa hablamos en voz baja para no molestar a los demás". Esta explicación breve le da al niño una idea del propósito del límite y reduce su necesidad de desafiarlo.

- **Usar frases en positivo en lugar de prohibiciones:**
  Al establecer un límite, es más efectivo expresar el comportamiento deseado en términos positivos en lugar de centrarse en lo que no debe hacer. En lugar de decir "No corras dentro de la casa", se puede decir "Aquí caminamos para evitar accidentes". Las frases positivas evitan que el niño se sienta reprimido y, en cambio, le brindan una guía sobre cómo actuar de manera adecuada. Este enfoque también ayuda a mantener la calma y a reforzar el mensaje de manera constructiva.

- **Mantener la firmeza sin recurrir a amenazas o castigos:**
  La firmeza en la aplicación de los límites no requiere de amenazas ni castigos. En lugar de decir "Si no dejas de hacer eso, te voy a castigar", se puede aplicar el límite con calma y decir "Eso no está permitido; puedes hacer esto en lugar de eso". Al mantener la firmeza sin recurrir a amenazas, los padres transmiten la importancia del límite de una forma respetuosa y sin intimidación, lo cual refuerza la confianza del niño y su disposición a cumplir con el límite.

- **Permitir que el niño exprese sus emociones sin cambiar el límite:**
  Es normal que los niños reaccionen emocionalmente cuando se les establece un límite, y es importante permitirles expresar esas emociones sin perder la calma o modificar el límite. Por ejemplo, si el niño se siente frustrado porque debe apagar la televisión, se le puede decir: "Entiendo que estés enojado; es hora de apagar la televisión para hacer otras actividades". Esta respuesta permite que el niño exprese su emoción, al mismo tiempo que reafirma el límite con firmeza.

Beneficios de mantener la calma y la firmeza en la aplicación de límites

- **Desarrolla un ambiente de seguridad y confianza:**
  Los niños se sienten más seguros y confiados cuando sus padres aplican los límites de manera calmada y firme. Este enfoque demuestra que los padres están en control de la situación y que el límite se aplica para el beneficio del niño. La calma y la firmeza evitan que el niño interprete el límite como un acto de agresión o de control, y en su lugar, lo ve como una guía para su bienestar.
- **Reduce la resistencia y la reacción negativa ante el límite:**
  La comunicación calmada y firme reduce la resistencia, ya que el niño no se siente atacado o presionado. Cuando un límite se impone con gritos o amenazas, el niño puede reaccionar negativamente, resistiéndose a cumplir la norma. En cambio, la calma en la comunicación invita al niño a cooperar y a cumplir el límite sin necesidad de conflicto.
- **Fortalece la regulación emocional y el autocontrol en el niño:**
  Al ver que sus padres manejan las situaciones difíciles de manera calmada y sin gritos, los niños aprenden a regular sus propias emociones y a aplicar el autocontrol en momentos de tensión. Esta habilidad es esencial para el desarrollo emocional del niño, ya que le enseña a responder de manera asertiva y respetuosa cuando se enfrenta a situaciones frustrantes.

Ejemplo práctico de comunicación calmada y firme

Imaginemos que el objetivo es establecer un límite sobre correr dentro de la casa. En lugar de decir "Si no dejas de correr, vas a meterte en problemas", lo cual puede generar resistencia, se puede aplicar el límite de la siguiente manera:

- **Paso 1**: Comunicar el límite con calma. "Aquí caminamos para evitar accidentes y protegernos".
- **Paso 2**: Ofrecer una alternativa. "Si quieres correr, podemos hacerlo afuera cuando terminemos de estar en casa".
- **Paso 3**: Mantener la firmeza. Si el niño intenta desafiar el límite, se puede reafirmar de manera calmada: "Recuerda que aquí caminamos. Si necesitas correr, te ayudaré a encontrar un lugar seguro afuera".

Este enfoque permite que el niño comprenda el límite, le ofrece una alternativa y, al mismo tiempo, se le recuerda de manera calmada y respetuosa que el límite es firme.

Errores comunes al aplicar los límites y cómo evitarlos

- **Perder la calma y usar un tono agresivo:**
  Gritar o expresar el límite de manera agresiva puede hacer que el niño lo perciba como una amenaza, generando miedo o resentimiento. Para evitar esto, es importante que los padres respiren profundamente y se tomen un momento para calmarse antes de comunicar el límite, asegurándose de mantener un tono sereno y respetuoso.
- **Cambiar el límite en respuesta a la frustración del niño:**
  Si el niño se molesta o se frustra, algunos padres pueden ceder para evitar el conflicto. Sin embargo, este cambio debilita el valor del límite y enseña al niño que el límite puede negociarse si muestra resistencia. Para evitar esto, permite que el niño exprese sus emociones sin cambiar el límite, reafirmándolo de manera calmada y explicando su importancia.

- **Usar amenazas en lugar de explicaciones:**
  Las amenazas pueden hacer que el niño cumpla con el límite en el momento, pero a largo plazo, tienden a generar resentimiento y miedo en lugar de comprensión. Es importante evitar frases como "Te vas a meter en problemas si no obedeces" y en su lugar, explicar el propósito del límite de manera breve y respetuosa.

Mantener la calma y ser firme al establecer y aplicar límites es una habilidad fundamental en la disciplina positiva. La calma y la firmeza permiten que el niño perciba el límite como una guía segura y estructural, mientras que el tono respetuoso invita a la cooperación y reduce la resistencia. Este enfoque no solo facilita el cumplimiento de los límites, sino que también enseña al niño habilidades de autorregulación y autocontrol, ayudándolo a desarrollar una relación positiva con las normas y a ver los límites como una parte esencial y beneficiosa de su vida.

7. Utilizar el refuerzo positivo para motivar el cumplimiento de los límites

El refuerzo positivo es una herramienta poderosa para fomentar el cumplimiento de los límites en los niños, ya que se enfoca en destacar y recompensar el buen comportamiento en lugar de centrarse únicamente en las consecuencias negativas. Esta estrategia se basa en el reconocimiento de las acciones adecuadas, lo cual motiva al niño a repetirlas. Al recibir elogios o recompensas por cumplir con los límites, los niños desarrollan una motivación intrínseca y aprenden a ver la disciplina como una guía positiva en lugar de una serie de restricciones. La motivación intrínseca hace que el niño valore el cumplimiento de las normas por los beneficios emocionales y sociales que ello implica, promoviendo así un respeto genuino hacia los límites.

El estudio de Skinner y Zimmer-Gembeck sobre motivación infantil, encontró que los niños que reciben refuerzos positivos al cumplir con las normas tienden a desarrollar una relación más saludable y positiva con los límites. Estos niños experimentan menos resistencia y mayor disposición a seguir las normas, ya que ven los límites como oportunidades para recibir reconocimiento y validación emocional. El refuerzo positivo no solo ayuda a que el niño se sienta valorado, sino que también contribuye a construir una relación de confianza y respeto entre padres e hijos.

Importancia del refuerzo positivo en el cumplimiento de los límites

- **Fomenta la motivación intrínseca y el autocontrol:**
  A diferencia de los castigos, que generan una motivación externa basada en el temor a las consecuencias, el refuerzo positivo ayuda a los niños a desarrollar una motivación intrínseca para cumplir con los límites. Cuando un niño experimenta las recompensas emocionales de cumplir con una norma, como el elogio de sus padres o la satisfacción de hacer algo bien, es más probable que siga respetando el límite por voluntad propia. Esta motivación interna es clave para que los niños aprendan a regular su comportamiento de manera autónoma y responsable.

- **Promueve una relación positiva con la disciplina:**
  Al recibir reconocimiento por cumplir con los límites, el niño comienza a ver la disciplina como algo positivo y constructivo en lugar de una serie de restricciones impuestas. Esta relación positiva con la disciplina ayuda al niño a entender que las normas existen para su bienestar y que su cumplimiento es una forma de contribuir al entorno familiar. En lugar de ver los límites

como algo que debe cumplir a la fuerza, el niño los percibe como una guía para su comportamiento que le brinda seguridad y estructura.

- **Refuerza el comportamiento adecuado y reduce la necesidad de correcciones:**
  El refuerzo positivo es una manera eficaz de reforzar los comportamientos deseados, lo cual reduce la necesidad de correcciones constantes. Cuando el niño sabe que recibirá reconocimiento por cumplir con una norma, es más probable que repita esa conducta sin necesidad de recordatorios. Esto no solo facilita la convivencia, sino que también permite que el niño experimente el éxito y la satisfacción de actuar de manera adecuada, lo cual fortalece su autoestima y su sentido de competencia.

Cómo aplicar el refuerzo positivo en el cumplimiento de límites

- **Elogiar de manera específica y sincera:**
  Cuando el niño cumple con un límite, es importante reconocer su esfuerzo con elogios específicos que destaquen la acción en particular. En lugar de decir simplemente "Bien hecho", se puede decir "Me gusta mucho cómo guardaste tus juguetes después de jugar; eso ayuda a mantener todo en orden". Este tipo de elogio específico le permite al niño entender exactamente qué acción fue positiva, lo cual aumenta la probabilidad de que repita el comportamiento en el futuro.

- **Utilizar recompensas no materiales que fomenten la motivación intrínseca:**
  Aunque las recompensas materiales pueden ser efectivas en algunos casos, es preferible centrarse en recompensas emocionales y sociales, como el elogio verbal, el reconocimiento o un gesto de aprecio. Este tipo de recompensas refuerza la motivación intrínseca y evita

que el niño dependa de incentivos externos para cumplir con las normas. Por ejemplo, un abrazo, una sonrisa o una frase de reconocimiento como "Gracias por ayudar a mantener la casa ordenada" son suficientes para que el niño se sienta valorado y motivado.

- **Reconocer los esfuerzos, no solo los resultados:**
  Es importante reconocer no solo el resultado final, sino también el esfuerzo que el niño ha puesto en cumplir con el límite. Por ejemplo, si el límite es mantener su habitación ordenada, se le puede elogiar cuando hace un esfuerzo por recoger sus juguetes, aunque no termine de ordenar todo el espacio. Este reconocimiento del esfuerzo motiva al niño a seguir intentando y le permite comprender que el proceso de cumplir con el límite es tan importante como el resultado.

- **Ser consistente con el refuerzo positivo:**
  La consistencia en el refuerzo positivo es clave para que el niño asocie el cumplimiento de los límites con una experiencia positiva. Al igual que en la aplicación de los límites, el refuerzo positivo debe ser constante y genuino. Esto significa que cada vez que el niño cumpla con el límite, debe recibir reconocimiento, aunque sea una pequeña frase o un gesto de aprecio. La consistencia permite que el niño relacione el cumplimiento de los límites con la recompensa emocional y que se sienta motivado a actuar de manera adecuada.

Ejemplos prácticos de refuerzo positivo

- **Ejemplo 1**: Si el niño cumple con el límite de apagar la televisión después de una hora, se le puede reconocer diciendo: "Gracias por apagar la televisión a tiempo. Me encanta ver cómo estás respetando nuestro acuerdo y haciendo tiempo para otras actividades".

- **Ejemplo 2**: Si el límite es recoger los juguetes después de jugar y el niño lo hace, se le puede elogiar con una frase como "Hiciste un gran trabajo guardando tus juguetes. Así todos podemos disfrutar de un espacio ordenado".

- **Ejemplo 3**: Si el límite es respetar los tiempos de estudio antes de jugar, se puede usar el refuerzo positivo al decir "Me doy cuenta de que has terminado tus tareas antes de jugar; eso muestra tu compromiso y responsabilidad".

Beneficios del refuerzo positivo en la disciplina

- **Fortalece la relación entre padres e hijos:**
  El refuerzo positivo fomenta una relación de confianza y respeto entre padres e hijos. Al reconocer el buen comportamiento, los padres demuestran su aprecio y apoyo hacia el niño, lo cual fortalece el vínculo emocional y crea un ambiente de cooperación y cariño en el hogar. Esta relación positiva facilita la comunicación y permite que los niños se sientan valorados y respetados, aumentando su disposición a cumplir con las normas.

- **Desarrolla la autoestima y el sentido de competencia:**
  Cada vez que un niño recibe reconocimiento por cumplir con un límite, experimenta una sensación de éxito y logro que refuerza su autoestima y su sentido de competencia. Este reconocimiento permite que el niño se sienta capaz y motivado para cumplir con otras normas, ya que sabe que sus acciones son valoradas y que es capaz de actuar de manera adecuada. La autoestima y la competencia son factores clave para que el niño se desarrolle de manera segura y confiada.

- **Reduce el enfoque en las consecuencias negativas y fomenta una visión positiva de los límites:**
  El uso del refuerzo positivo permite que el niño vea los límites como algo beneficioso en lugar de una fuente de restricciones y consecuencias negativas. Al recibir

reconocimiento por cumplir con las normas, el niño desarrolla una actitud positiva hacia los límites y comienza a entender que estas normas existen para su bienestar. Esta visión positiva reduce el miedo y el resentimiento hacia la disciplina, lo cual facilita el cumplimiento y la cooperación a largo plazo.

Errores comunes al utilizar el refuerzo positivo y cómo evitarlos

- **Recurrir en exceso a recompensas materiales:**
  Las recompensas materiales pueden funcionar en ciertas situaciones, pero su uso excesivo puede llevar a que el niño cumpla con los límites solo para recibir algo tangible. Es importante enfocarse en recompensas emocionales y sociales que fomenten la motivación intrínseca, como el elogio y el reconocimiento, evitando que el niño dependa de incentivos materiales para cumplir con las normas.

- **Elogiar de manera vaga o genérica:**
  Frases como "Muy bien" o "Buen trabajo" pueden ser demasiado generales y no brindan información específica sobre el comportamiento deseado. Para que el refuerzo positivo sea efectivo, es importante elogiar de manera específica, mencionando el comportamiento que se desea reforzar.

- **No ser consistente en el reconocimiento del buen comportamiento:**
  Si el refuerzo positivo no es consistente, el niño podría no asociar el cumplimiento de los límites con una experiencia positiva. Es fundamental que el reconocimiento sea constante y genuino, reforzando el buen comportamiento cada vez que el niño respete un límite. La consistencia permite que el niño valore el

cumplimiento de las normas y lo vea como una parte estable de su vida.

El refuerzo positivo es una herramienta eficaz para motivar el cumplimiento de los límites y fomentar una relación positiva con la disciplina. Al centrarse en el reconocimiento y la valoración del buen comportamiento, el refuerzo positivo ayuda a que el niño desarrolle una motivación intrínseca y un respeto genuino hacia los límites. Esta estrategia fortalece la autoestima, el sentido de competencia y la relación entre padres e hijos, promoviendo un ambiente de respeto y cooperación en el hogar.

8. Explicar las consecuencias de no cumplir los límites de manera lógica

Uno de los principios clave de la disciplina positiva es ayudar a los niños a comprender que los límites no son reglas impuestas arbitrariamente, sino normas que existen para su bienestar y el de los demás. Las consecuencias lógicas son una herramienta efectiva para enseñarles esta conexión entre sus acciones y sus resultados, ya que están directamente relacionadas con el comportamiento en cuestión y no se perciben como un castigo desproporcionado. Este enfoque permite que el niño entienda las repercusiones de sus acciones y les ayuda a tomar decisiones más informadas sobre su comportamiento.

El uso de consecuencias lógicas, en lugar de castigos severos o sin relación con el comportamiento, fomenta la responsabilidad personal y el autocontrol en los niños, quienes comienzan a entender que cada acción tiene un efecto real. Un estudio de la American Psychological Association (Asociación Americana de Psicología) demostró que los niños que experimentan consecuencias lógicas en lugar de castigos arbitrarios son más propensos a comprender y respetar los límites, ya que asocian sus propias decisiones con los resultados de manera clara y directa. Este enfoque ayuda a los niños a desarrollar habilidades de resolución de problemas y fomenta una relación positiva con las normas.

Importancia de las consecuencias lógicas en la disciplina positiva

- **Fomenta la responsabilidad y la autonomía:**
  Las consecuencias lógicas permiten que el niño asuma la responsabilidad de sus decisiones, ya que comprenden que sus acciones tienen un efecto en el entorno o en sus actividades. En lugar de ver la consecuencia como una imposición externa, el niño entiende que es el resultado natural de su elección. Esto no solo refuerza su autonomía, sino que también lo ayuda a desarrollar habilidades de responsabilidad personal, esenciales para su desarrollo emocional y social.
- **Promueve el aprendizaje y la toma de decisiones:**
  Las consecuencias lógicas ayudan a los niños a comprender el propósito de los límites, al mostrarles de forma tangible cómo sus acciones afectan su entorno. Este proceso fomenta el aprendizaje y la capacidad de tomar decisiones, ya que el niño sabe que su comportamiento tiene un efecto directo en su situación. La experiencia de vivir una consecuencia lógica enseña al niño a considerar sus acciones y a evaluar las opciones de manera más reflexiva.
- **Desarrolla un sentido de justicia y respeto hacia las normas:**
  Las consecuencias lógicas son percibidas por los niños como justas y razonables, ya que están directamente relacionadas con el comportamiento en cuestión. Este sentido de justicia les permite respetar el límite y la consecuencia sin resentimiento, ya que entienden que el

límite tiene un propósito y que la consecuencia es una extensión de ese propósito. Los niños aprenden a respetar las normas y a verlas como guías para su comportamiento, en lugar de restricciones arbitrarias.

Cómo implementar consecuencias lógicas de manera efectiva

- **Relacionar la consecuencia directamente con el comportamiento:**

  Para que la consecuencia sea efectiva, debe estar claramente vinculada con el comportamiento que no se ha cumplido. Por ejemplo, si el límite es no jugar en la sala para evitar romper algo, una consecuencia lógica sería que el niño deba jugar en su cuarto o en un espacio seguro. Esta conexión directa ayuda al niño a ver la consecuencia como un resultado natural de su decisión y no como un castigo impuesto. Esta claridad en la relación entre comportamiento y consecuencia facilita que el niño entienda y acepte la norma.

- **Explicar el propósito del límite y la consecuencia de manera calmada:**

  Antes de aplicar la consecuencia, es importante explicar al niño el propósito del límite y cómo su acción ha afectado la situación. Por ejemplo, si el límite es "guardar los juguetes después de jugar" y el niño no lo cumple, puedes decir: "Cuando no guardas tus juguetes, se quedan en el suelo y alguien puede tropezarse. Por eso, es importante que los guardes". Luego, se aplica la consecuencia lógica, como recoger los juguetes antes de iniciar otra actividad. Esta explicación permite que el niño entienda el valor de la norma y la razón detrás de la consecuencia.

- **Mantener la calma y la firmeza al aplicar la consecuencia:**

  La actitud del padre al aplicar la consecuencia es

fundamental para que el niño comprenda que la norma es seria y debe respetarse. Al mantener la calma y la firmeza, el niño entiende que la consecuencia no es una reacción emocional o impulsiva, sino una respuesta lógica a su decisión. Evitar los gritos o el enojo ayuda a que el niño se centre en la relación entre su comportamiento y la consecuencia, en lugar de sentirse atacado o castigado.

- **Ser consistente en la aplicación de las consecuencias lógicas:**
  La consistencia es clave para que el niño aprenda a respetar los límites y a asumir la responsabilidad de sus acciones. Al aplicar las consecuencias lógicas de manera constante, el niño internaliza el límite como una norma estable y comprende que las consecuencias no dependen del estado de ánimo del padre. Esta consistencia refuerza el sentido de justicia y hace que el niño valore el límite como una guía necesaria en su vida.

Ejemplos prácticos de consecuencias lógicas

- **Ejemplo 1**: Si el límite es no pintar en la mesa del comedor para evitar manchas y el niño lo hace, la consecuencia lógica sería que deba limpiar las manchas y, en el futuro, solo podrá pintar en una superficie específica (por ejemplo, en un mantel o papel grande). Esto le enseña que su acción tiene un efecto en su entorno y que debe cumplir con el límite para mantener el espacio limpio.

- **Ejemplo 2**: Si el límite es guardar los juguetes después de jugar y el niño no lo hace, la consecuencia lógica podría ser que no podrá utilizar esos juguetes hasta que los guarde. Esta consecuencia directa le muestra al niño que sus juguetes deben ser guardados para que el espacio esté ordenado y seguro.

- **Ejemplo 3**: Si el límite es no usar el teléfono después de cierta hora y el niño lo hace, la consecuencia lógica podría ser que pierda el uso del teléfono al día siguiente. Esta consecuencia le enseña al niño la importancia de respetar el límite, ya que su incumplimiento afecta su acceso a la tecnología.

Beneficios de las consecuencias lógicas en la disciplina

- **Facilita la comprensión y el cumplimiento de los límites:**
  Las consecuencias lógicas permiten que el niño comprenda y respete los límites de manera más natural, ya que las ve como un efecto de sus propias decisiones. Al entender la relación entre su comportamiento y la consecuencia, el niño aprende a cumplir con el límite de forma más voluntaria, sin necesidad de correcciones constantes.

- **Reduce el resentimiento y la resistencia:**
  A diferencia de los castigos arbitrarios, que pueden generar resentimiento, las consecuencias lógicas son percibidas por el niño como una extensión razonable del límite. Este enfoque reduce la resistencia y el resentimiento, ya que el niño entiende que la consecuencia es justa y coherente con su comportamiento. En lugar de ver la consecuencia como un ataque o una penalización, la interpreta como un resultado de sus propias decisiones.

- **Enseña habilidades de autorregulación y autocontrol:**
  Las consecuencias lógicas ayudan al niño a desarrollar el autocontrol y la autorregulación, ya que aprenden a considerar las consecuencias de sus acciones antes de actuar. Al experimentar las consecuencias lógicas, los

niños entienden que sus decisiones tienen un impacto en su entorno, lo cual los motiva a actuar de manera más reflexiva y responsable.

Errores comunes al aplicar consecuencias lógicas y cómo evitarlos

- **Aplicar consecuencias no relacionadas con el comportamiento:**
  Es importante que las consecuencias estén directamente relacionadas con el comportamiento que se desea corregir. Si las consecuencias no tienen una relación lógica con la falta de cumplimiento del límite, el niño puede verlas como un castigo arbitrario y resistirse a cumplirlas. Evitar consecuencias como "castigar sin jugar con sus juguetes" cuando el límite no guardaba relación con ellos es clave para evitar confusión y promover el aprendizaje.

- **Usar consecuencias desproporcionadas o punitivas:**
  Las consecuencias deben ser proporcionales al comportamiento para que el niño las perciba como justas. Las consecuencias desproporcionadas o demasiado severas no solo generan resentimiento, sino que también pueden llevar al niño a temer las normas en lugar de respetarlas. Es importante mantener las consecuencias en una escala razonable que permita que el niño aprenda de sus decisiones sin sentir que está siendo castigado de manera excesiva.

- **Aplicar la consecuencia de manera impulsiva o con enojo:**
  La efectividad de la consecuencia lógica depende en gran medida de la actitud del padre. Si la consecuencia se aplica de manera impulsiva o con enojo, el niño puede interpretarla como una reacción emocional y no como un

resultado lógico de su comportamiento. Para evitar esto, es importante que los padres se mantengan calmados y expliquen la consecuencia de manera serena, permitiendo que el niño asocie la consecuencia con su propia acción y no con el estado de ánimo del adulto.

Explicar y aplicar consecuencias lógicas en el cumplimiento de los límites es una herramienta efectiva para enseñar a los niños a asumir la responsabilidad de sus acciones y a comprender el propósito de las normas. Este enfoque fomenta la autonomía, el autocontrol y una relación positiva con la disciplina, al tiempo que reduce el resentimiento y la resistencia. Al aplicar consecuencias lógicas, los padres ayudan a sus hijos a ver los límites como una guía constructiva en lugar de una imposición, promoviendo un ambiente de respeto y aprendizaje en el hogar.

Reforzando el buen comportamiento sin castigos severos

La disciplina positiva promueve el buen comportamiento a través de refuerzos positivos y consecuencias lógicas en lugar de castigos severos. Este enfoque permite que los niños comprendan las normas y las respeten de forma genuina, sin temor ni resentimiento. El objetivo es enseñar y guiar, no imponer obediencia a la fuerza. En lugar de depender de castigos que pueden generar resistencia o incluso miedo, la disciplina positiva busca estrategias constructivas para reforzar el comportamiento deseado y ayudar a los niños a desarrollar habilidades de autocontrol, empatía y responsabilidad.

Por qué evitar los castigos severos

Los castigos severos pueden dar resultados inmediatos al detener el comportamiento indeseado en el momento, pero a largo plazo, tienden a generar resentimiento, baja autoestima y falta de confianza entre padres e hijos. Los estudios de la American Psychological Association (Asociación Americana de Psicología) han demostrado que los castigos severos pueden llevar a un aumento en los problemas de comportamiento, ya que los niños aprenden a actuar por miedo en lugar de comprender la importancia de las normas. Este enfoque también afecta la relación padre-hijo, debilitando los lazos de confianza y complicando la cooperación a largo plazo.

Estrategias para reforzar el buen comportamiento sin castigos severos

- **Reconociendo el esfuerzo y el progreso:**
  El refuerzo positivo es una herramienta fundamental en la disciplina positiva, ya que se enfoca en reconocer y valorar el buen comportamiento del niño. Este reconocimiento puede ser tan simple como una palabra de aliento, una sonrisa o un gesto de aprobación, y permite que el niño asocie el cumplimiento de las normas con una experiencia positiva. Por ejemplo, si el niño recoge sus juguetes después de jugar, decirle "Estoy muy contento por la forma en que guardaste tus cosas" refuerza la acción y lo motiva a repetirla en el futuro.
  El refuerzo específico es más efectivo que un simple "Muy bien" o "Buen trabajo", ya que le muestra al niño qué comportamiento en particular está siendo valorado. Este enfoque permite que el niño desarrolle una motivación intrínseca para cumplir con las normas, en lugar de esperar únicamente recompensas externas.

- **Uso de recompensas no materiales:**
Las recompensas no tienen que ser materiales; de hecho, los elogios y el reconocimiento emocional pueden ser mucho más efectivos para fomentar la motivación interna. Recompensas como tiempo extra en una actividad que disfrute, un paseo al parque, o dedicarle tiempo especial con juegos o lectura pueden ser muy poderosos. Estas recompensas emocionales y sociales permiten que el niño sienta que su buen comportamiento tiene un impacto positivo en su vida y en su relación con los demás, fortaleciendo el vínculo con sus padres.

- **Modelado de comportamiento: Mostrar con el ejemplo:**
Los niños aprenden mucho observando a sus padres y adultos a su alrededor. Al modelar un comportamiento positivo y respetuoso, los padres ofrecen a sus hijos una referencia de cómo deben comportarse. Por ejemplo, si los padres desean que el niño aprenda a pedir las cosas por favor, deben utilizar esa expresión en sus propias interacciones, tanto con el niño como con otros miembros de la familia. Esta consistencia entre lo que se pide y lo que se hace enseña al niño que las normas son valores importantes y no solo reglas a seguir.

- **Establecer expectativas claras y razonables:**
Al establecer expectativas claras y realistas, los padres ayudan a los niños a entender qué comportamiento se espera de ellos en diferentes situaciones. Esto reduce la confusión y permite que el niño se sienta capaz de cumplir con las normas. Las expectativas deben estar adaptadas a la edad y capacidades del niño, de modo que puedan cumplirlas sin sentirse abrumados. Esta claridad aumenta las probabilidades de que el niño se comporte de manera adecuada y se sienta motivado para hacerlo.

- **Aplicación de consecuencias lógicas:**
En la disciplina positiva, las consecuencias lógicas son

una alternativa eficaz al castigo severo, ya que muestran al niño que sus acciones tienen resultados directos en su vida. Por ejemplo, si el límite es no dibujar en las paredes y el niño lo hace, la consecuencia lógica sería que él mismo ayude a limpiarlas. Esta consecuencia, al estar directamente relacionada con la acción, le enseña al niño la importancia de respetar el límite y le permite comprender que sus decisiones tienen efectos en su entorno. Este aprendizaje fomenta la responsabilidad y la reflexión.

- **Fomentar la resolución de problemas en conjunto:**
  Cuando surgen problemas de conducta, los padres pueden invitar al niño a buscar soluciones en conjunto. Por ejemplo, si el niño tiene dificultades para cumplir con el límite de tiempo de pantalla, se puede iniciar una conversación y preguntarle: "¿Cómo podemos ayudarte a recordar cuándo es el momento de apagar la televisión?". Al involucrarlo en la solución, el niño se siente valorado y se vuelve más propenso a cumplir con el acuerdo. Este enfoque también fortalece su capacidad para resolver problemas y lo motiva a asumir la responsabilidad de sus decisiones.

- **Practicar la paciencia y mantener la calma:**
  Reforzar el buen comportamiento sin castigos severos requiere paciencia y consistencia. Es normal que los niños prueben los límites mientras aprenden y exploran, por lo que es fundamental que los padres mantengan la calma y sigan aplicando el enfoque de la disciplina positiva sin caer en el enojo o la frustración. La paciencia permite que el niño se sienta seguro para aprender y corregir sus errores sin temor a reacciones desproporcionadas.

Ejemplos prácticos de reforzar el buen comportamiento sin castigos severos

- **Ejemplo 1**: Si el límite es guardar los juguetes después de jugar, en lugar de castigar al niño si olvida hacerlo, se puede ofrecer un refuerzo positivo cada vez que lo logre. Un simple "Gracias por recoger tus juguetes" o "Eso ayuda mucho a mantener nuestro espacio limpio" lo motiva a cumplir con el límite sin necesidad de amenazas o castigos.

- **Ejemplo 2**: Si el límite es hacer la tarea antes de jugar, en lugar de prohibirle ver televisión si no lo hace, se puede establecer una consecuencia lógica, como dedicar menos tiempo a actividades de ocio ese día para que se cumplan las responsabilidades. Al mismo tiempo, cada vez que cumpla con el límite, se le puede reconocer su esfuerzo con frases como "Me encanta cómo estás organizando tu tiempo, eso demuestra responsabilidad".

- **Ejemplo 3**: Si el límite es hablar en voz baja dentro de casa y el niño se olvida, en lugar de gritarle, se le puede recordar de manera calmada y ofrecer una alternativa, como jugar a hablar en susurros o hacer una "competencia de quién habla más suave". Esta interacción lúdica enseña al niño a cumplir el límite de forma positiva y sin sentir que está siendo reprendido.

Beneficios de reforzar el buen comportamiento sin castigos severos

- **Fortalece la relación de confianza entre padres e hijos:** Al aplicar la disciplina positiva, los padres construyen una relación basada en el respeto mutuo y la confianza. Los niños que no temen a los castigos severos sienten que pueden acudir a sus padres para resolver problemas y buscar ayuda, lo cual fortalece los lazos familiares y fomenta un ambiente seguro para el aprendizaje y el crecimiento.

- **Desarrolla la motivación intrínseca y la autodisciplina:**
  El refuerzo positivo y las consecuencias lógicas promueven el desarrollo de una motivación interna para cumplir con las normas. Los niños aprenden a actuar de manera adecuada no por temor a un castigo, sino porque entienden el valor de sus acciones y experimentan satisfacción personal al cumplir con los límites. Esto fomenta la autodisciplina, ya que los niños desarrollan un sentido interno de control sobre su comportamiento.

- **Reduce el miedo y el resentimiento:**
  A diferencia de los castigos severos, que pueden generar miedo y resentimiento, el refuerzo positivo permite que los niños se sientan valorados y apoyados en su desarrollo. Este enfoque reduce la resistencia a las normas y ayuda a que el niño vea la disciplina como una guía positiva para su comportamiento en lugar de una restricción impuesta sin razón.

- ***Enseña habilidades sociales y emocionales:***
  La disciplina positiva también ayuda a los niños a desarrollar habilidades de autocontrol, empatía y resolución de problemas. Al aplicar consecuencias lógicas y ofrecer refuerzos emocionales, los niños aprenden a relacionarse con su entorno de manera reflexiva y respetuosa, lo cual es esencial para su crecimiento emocional y social.

Reforzar el buen comportamiento sin castigos severos es una práctica central en la disciplina positiva, que ayuda a los niños a desarrollar habilidades de autocontrol, responsabilidad y motivación intrínseca. Este enfoque fomenta una relación de confianza y respeto entre padres e hijos, promoviendo un ambiente en el que las normas son comprendidas y valoradas.

El poder de la coherencia y el ejemplo: Tus acciones hablan más que tus palabras

La coherencia y el ejemplo son pilares fundamentales en la disciplina positiva, ya que enseñan a los niños a través de lo que ven y experimentan en su entorno familiar. La famosa frase "las acciones hablan más que las palabras" resume el poder que tienen las acciones de los padres para influir en el comportamiento y los valores de sus hijos. Los niños aprenden mucho más observando las conductas y actitudes de sus padres que a través de instrucciones verbales. Cuando los padres son coherentes y actúan en alineación con los valores y límites que enseñan, brindan un ejemplo sólido que los hijos pueden seguir de manera natural.

La coherencia implica aplicar de forma consistente las normas y expectativas, manteniendo un comportamiento que respalde los valores y límites que se desean enseñar. Al ser coherentes, los padres evitan enviar mensajes contradictorios, lo cual ayuda a que los niños comprendan y respeten las normas familiares. Este enfoque les permite ver los límites como una parte constante de la dinámica familiar, y al observar a sus padres aplicarlos en su propia conducta, entienden que esos valores son importantes.

Por qué la coherencia y el ejemplo son esenciales en la disciplina positiva

- **Establece una guía clara y predecible para los niños:**
  Los niños dependen de la consistencia y la previsibilidad para sentirse seguros y entender qué se espera de ellos. Cuando los padres mantienen una conducta coherente y actúan en alineación con los valores que enseñan, los niños saben que las normas no son arbitrarias ni variables, sino una guía estable que proporciona estructura y seguridad. Esta coherencia facilita que los

niños adopten los valores familiares como parte de su propio comportamiento, al saber que son normas confiables y claras.

- **Refuerza el respeto y la confianza en la relación:**
  La coherencia y el ejemplo fortalecen el respeto y la confianza en la relación entre padres e hijos. Los niños valoran a los padres que demuestran integridad y congruencia entre lo que dicen y lo que hacen, ya que esto les transmite una imagen de honestidad y compromiso. Este respeto hacia los padres se traduce en una relación basada en la confianza y en un mayor deseo de cumplir con las expectativas y normas establecidas.

- **Fomenta el aprendizaje a través de la observación y el modelado:**
  Los niños son observadores naturales y tienden a modelar el comportamiento de sus padres. A través de la coherencia en sus acciones, los padres enseñan habilidades y actitudes esenciales, como la paciencia, el respeto y la responsabilidad. El aprendizaje mediante el modelado es una de las formas más efectivas de enseñanza, ya que permite que los niños internalicen los valores y los reproduzcan de forma auténtica en sus propias conductas.

Cómo aplicar la coherencia y el ejemplo en la crianza

- **Actuar de acuerdo con los valores que se enseñan:**
  Uno de los aspectos más importantes para dar un buen ejemplo es actuar en alineación con los valores que se desean inculcar en los hijos. Por ejemplo, si se desea enseñar el valor del respeto hacia los demás, es esencial que los padres muestren respeto en sus propias interacciones, tanto dentro como fuera de la familia. Si se espera que el niño sea honesto, los padres deben

demostrar honestidad en sus acciones diarias. Esta congruencia permite que los niños vean cómo los valores se traducen en acciones concretas y los motiva a seguir el mismo camino.

- **Aplicar las normas de manera consistente:**
La consistencia en la aplicación de las normas es clave para que los niños comprendan la importancia de los límites. Si los padres son coherentes al aplicar un límite, como la hora de dormir o el tiempo de pantalla, el niño aprende que la norma es constante y no depende de las circunstancias o del estado de ánimo de los padres. Esta estabilidad ayuda a que el niño respete los límites de forma más natural y facilita su comprensión del valor de la disciplina.

- **Reconocer y corregir los errores con humildad:**
Los padres no son perfectos, y a veces pueden cometer errores o romper sus propios límites. Cuando esto sucede, es importante reconocer el error y disculparse si es necesario, mostrando a los niños que todos somos responsables de nuestras acciones y que la integridad implica asumir los errores. Esta actitud enseña a los niños que equivocarse es parte del aprendizaje y que lo importante es la disposición a corregirlo y mejorar. Por ejemplo, si un padre pierde la calma en un momento de estrés, puede decir: "Lamento haber levantado la voz. La próxima vez intentaré manejarlo de forma más tranquila". Este gesto de humildad fomenta el respeto y la empatía en el niño, quien aprende que ser coherente no significa ser perfecto, sino esforzarse por mejorar.

- **Ser paciente y perseverante en la aplicación de la disciplina positiva:**
La coherencia y el ejemplo requieren paciencia y perseverancia. Los cambios en el comportamiento y en la actitud de los niños no ocurren de inmediato, y es posible

que necesiten tiempo para internalizar las normas y valores familiares. Al mantener un enfoque paciente y constante, los padres permiten que el niño observe y experimente los beneficios de seguir un ejemplo positivo, lo cual fortalece su disposición a cumplir con las normas sin sentir presión o imposición.

Ejemplos prácticos de coherencia y ejemplo en la crianza

- **Ejemplo 1**: Si se establece una norma sobre el uso de un tono respetuoso en la familia, es fundamental que los padres también se esfuercen por hablar en tono calmado y respetuoso incluso cuando están en desacuerdo o en momentos de tensión. Este ejemplo enseña al niño a gestionar los conflictos de manera respetuosa y a mantener la calma en situaciones difíciles.
- **Ejemplo 2**: Si el valor es la responsabilidad en el hogar, los padres pueden mostrar responsabilidad al cumplir con sus propias tareas domésticas y compromisos. Al ver que los padres organizan y cumplen con sus responsabilidades, el niño aprende que es importante asumir sus propias tareas, como recoger sus juguetes o hacer su cama.
- **Ejemplo 3**: Si se desea inculcar el valor de la gratitud, los padres pueden modelar este comportamiento expresando agradecimiento en las pequeñas interacciones diarias, como dar las gracias a cada miembro de la familia por colaborar en las tareas del hogar. Este gesto enseña al niño a reconocer el esfuerzo de los demás y a ser agradecido en su vida cotidiana.

Beneficios de la coherencia y el ejemplo en la disciplina positiva

- **Desarrolla la autorregulación y la autodisciplina en los niños:**
  Al ver cómo sus padres gestionan sus propios comportamientos y responden a las situaciones con autocontrol y respeto, los niños aprenden a regular sus propias emociones y a actuar de manera reflexiva. La coherencia y el ejemplo actúan como una guía constante que los niños pueden seguir incluso en ausencia de sus padres, desarrollando así habilidades de autodisciplina y responsabilidad.

- **Facilita el aprendizaje y la adopción de valores:**
  Los valores familiares se transmiten con mayor eficacia cuando los padres son coherentes y predican con el ejemplo. En lugar de ver los valores como normas abstractas, los niños observan cómo estos se reflejan en el día a día y los interiorizan de manera natural. Este aprendizaje basado en el ejemplo facilita que los niños adopten los valores como parte de su vida y los reproduzcan en sus propias conductas y decisiones.

Errores comunes al intentar ser coherente y cómo evitarlos

- **Aplicar normas inconsistentes según la situación:**
  Es común que los padres apliquen las normas de forma diferente según la situación o el estado de ánimo, lo cual envía mensajes contradictorios al niño. Para evitar este error, es importante que los padres se esfuercen por mantener la coherencia en la aplicación de los límites y explicar de manera clara cualquier excepción, de modo que el niño comprenda la importancia de la norma sin confusión.

- **No reconocer los errores personales:**
  Algunos padres pueden evitar admitir sus errores por temor a parecer débiles ante sus hijos. Sin embargo, reconocer los errores y mostrar disposición para corregirlos fortalece el respeto y la relación con el niño. Al evitar este error, los padres enseñan que ser coherente implica integridad y responsabilidad, no perfección.

- **Exigir al niño lo que uno mismo no cumple:**
  Los padres a veces esperan que sus hijos cumplan con normas que ellos mismos no siguen, lo cual crea una sensación de injusticia y disminuye la credibilidad de las normas. Para evitar esto, los padres deben esforzarse por alinear sus acciones con las normas que desean que sus hijos respeten, lo cual demuestra que los valores familiares son importantes para todos.

Capítulo 4: El equilibrio entre libertad y orientación

Cómo enseñarles responsabilidad desde pequeños

Enseñar responsabilidad a los niños desde una edad temprana es una de las tareas más importantes y valiosas que los padres pueden emprender. La responsabilidad no solo se trata de cumplir con tareas específicas, sino también de comprender el impacto de nuestras acciones, respetar los compromisos y aprender a tomar decisiones con independencia. Cuando los padres enseñan responsabilidad a sus hijos desde pequeños, les brindan las herramientas necesarias para desarrollar habilidades de autocontrol, empatía y autodisciplina, las cuales son fundamentales para su crecimiento personal y su éxito a largo plazo.

Fomentar la responsabilidad no significa cargar a los niños con obligaciones excesivas, sino brindarles pequeñas oportunidades de asumir el control en aspectos de su vida, adaptadas a su edad y capacidades. Este enfoque les ayuda a comprender que sus acciones tienen consecuencias y que su esfuerzo contribuye al bienestar de la familia y de quienes los rodean.

Al enseñarles responsabilidad, los padres encuentran un equilibrio entre permitirles libertad y ofrecerles orientación, preparándolos para tomar decisiones autónomas y enfrentar los desafíos de la vida.

Por qué enseñar responsabilidad desde pequeños

- **Fomenta la autonomía y el sentido de logro:**
  Al asumir responsabilidades, los niños desarrollan una sensación de independencia y logro al completar tareas o cumplir con compromisos. Esto refuerza su autoestima y les permite sentirse competentes en sus capacidades, generando en ellos un sentido de autonomía que les servirá a lo largo de su vida.

- **Desarrolla la disciplina y el autocontrol:**
  Enseñar responsabilidad implica ayudar a los niños a cumplir con ciertas tareas o límites, lo cual promueve el autocontrol y la disciplina. Estas habilidades son cruciales para que los niños comprendan la importancia de esforzarse, planificar y regular su comportamiento para alcanzar sus objetivos y cumplir sus compromisos.

- **Fomenta el respeto y la empatía hacia los demás:**
  Al asumir responsabilidades en el hogar o en la escuela, los niños aprenden a valorar el esfuerzo de los demás y a comprender que sus acciones afectan a quienes los rodean. Esta perspectiva desarrolla su sentido de empatía y respeto por el trabajo y el tiempo de los demás, fortaleciendo sus habilidades de interacción y colaboración.

Estrategias para enseñar responsabilidad desde pequeños

- **Asignar tareas adecuadas a su edad:**
  La primera estrategia para enseñar responsabilidad es comenzar asignando tareas simples y adecuadas a la edad y capacidades del niño. Para los más pequeños, estas tareas pueden ser actividades como recoger sus juguetes, guardar sus libros o poner su ropa sucia en el cesto. A medida que el niño crece, se le pueden asignar

responsabilidades mayores, como alimentar a una mascota, organizar su mochila para la escuela o ayudar en tareas del hogar, como doblar la ropa o limpiar su espacio.

Este proceso gradual permite que el niño desarrolle la capacidad de manejar tareas de mayor complejidad y le da la oportunidad de experimentar el éxito y el sentido de logro al completar cada tarea. Es importante que las tareas sean realistas y alcanzables para que el niño no se sienta abrumado, sino motivado a cumplirlas.

- **Explicar el propósito de cada tarea:**
Para que el niño comprenda la importancia de la responsabilidad, es útil explicar el propósito de cada tarea y cómo su cumplimiento contribuye al bienestar familiar o personal. Por ejemplo, si la tarea es recoger sus juguetes, se le puede explicar que al hacerlo, su espacio estará más ordenado y será más seguro para moverse. Si la responsabilidad es alimentar a una mascota, se le puede explicar que esto ayuda a que la mascota esté sana y feliz.

Este enfoque permite que el niño relacione sus acciones con un efecto positivo y lo motiva a cumplir con la tarea. Comprender el propósito de las tareas también les enseña a ver la responsabilidad como una contribución significativa y no solo como una obligación.

- **Establecer rutinas y horarios constantes:**
Crear una estructura de rutinas y horarios facilita que los niños internalicen la responsabilidad como parte de su vida diaria. Cuando las tareas se realizan de manera constante, los niños aprenden que cumplir con ellas es una prioridad y desarrollan la autodisciplina necesaria para organizarlas en su día a día.

Las rutinas también permiten que el niño se sienta seguro al saber lo que se espera de él en cada momento. Por ejemplo, si la tarea es poner la mesa antes de cenar, incluir esta actividad en la rutina diaria facilita que el niño la cumpla sin necesidad de recordatorios constantes y le da una estructura predecible.

- **Permitirles tomar decisiones y experimentar las consecuencias:**
  Parte de enseñar responsabilidad es permitir que los niños tomen decisiones y experimenten las consecuencias de sus acciones. Esto les enseña a asumir el control de sus elecciones y a aprender de sus errores de manera constructiva. Por ejemplo, si el niño decide no organizar su mochila la noche anterior y luego olvida un material para la escuela, puede aprender que la organización anticipada le ayuda a evitar inconvenientes.

  Es importante que las consecuencias sean naturales y proporcionales para que el niño las perciba como un aprendizaje, y no como un castigo. Esta experiencia le ayuda a desarrollar la capacidad de reflexión y a asumir la responsabilidad de sus decisiones, fortaleciendo su habilidad para tomar decisiones informadas.

- **Elogiar el esfuerzo y reconocer los logros:**
  El reconocimiento positivo es esencial para reforzar la responsabilidad en los niños. Al elogiar el esfuerzo que han puesto en cumplir con sus tareas, los padres les muestran que su dedicación es valiosa y digna de aprecio. Este reconocimiento puede ser verbal, como decir "Me encanta cómo organizaste tus cosas hoy", o mediante gestos como dedicarles un tiempo especial de juego o actividades que disfruten.

  Elogiar el esfuerzo, y no solo el resultado, les enseña que la responsabilidad es un proceso continuo de mejora y que cada acción cuenta. Este refuerzo positivo fomenta la motivación intrínseca y aumenta la disposición del niño para asumir responsabilidades de manera constante.

- **Ser un ejemplo de responsabilidad:**
  Los niños aprenden mucho más observando el comportamiento de los adultos a su alrededor. Ser un ejemplo de responsabilidad en las propias acciones es una herramienta poderosa para enseñar a los niños a cumplir con sus deberes. Al observar cómo sus padres o cuidadores asumen sus responsabilidades, organizan su tiempo y respetan sus compromisos, los niños aprenden a modelar estas conductas y a integrarlas en su propio comportamiento.

  Es importante que los padres se esfuercen por actuar en alineación con los valores de responsabilidad que desean inculcar en sus hijos. Esto incluye cumplir con los compromisos propios, organizar el espacio y dedicar tiempo a las actividades importantes. Este ejemplo práctico ofrece a los niños una guía directa para comprender cómo se ve la responsabilidad en la vida diaria.

Ejemplos prácticos para enseñar responsabilidad desde pequeños

- **Ejemplo 1**: Si se desea que el niño aprenda a organizar sus pertenencias, se le puede asignar la responsabilidad de ordenar sus útiles escolares al terminar de usarlos. Explicarle que "Al recoger tus útiles escolares, estamos cuidando nuestro espacio y evitando accidentes" le permite entender la importancia de la tarea y su relación con el orden.

- **Ejemplo 2**: Si el niño tiene una mascota, se le puede asignar la responsabilidad de alimentarla a la misma hora todos los días. Esta tarea le enseña el valor de la constancia y el compromiso. Además, al observar que su mascota depende de él para alimentarse, desarrolla su sentido de empatía y responsabilidad hacia los demás.

- **Ejemplo 3**: En lugar de recordar constantemente al niño que organice su mochila para la escuela, se le puede enseñar a hacerlo de manera autónoma. Al permitir que experimente las consecuencias de olvidar un material, como no poder realizar una tarea en clase, aprende que la organización es importante y desarrolla habilidades de planificación.

Beneficios de enseñar responsabilidad desde pequeños

- **Fortalece la autoestima y el sentido de competencia:**
  Al asumir tareas y cumplir con ellas, los niños experimentan una sensación de logro y satisfacción personal que fortalece su autoestima. Sentir que son capaces de manejar sus propias tareas les brinda confianza en sus capacidades y los motiva a asumir nuevos desafíos.

- **Desarrolla habilidades de organización y autodisciplina:**
  La responsabilidad fomenta la autodisciplina y la capacidad de organización en los niños, quienes aprenden a manejar sus actividades y compromisos de manera efectiva. Estas habilidades son esenciales para su vida académica y social, ya que les permiten gestionar su tiempo y cumplir con sus objetivos de forma independiente.

- **Prepara a los niños para tomar decisiones autónomas:**
  Enseñar responsabilidad desde pequeños ayuda a los niños a tomar decisiones informadas y asumir las consecuencias de sus elecciones. Esta capacidad de reflexión y de autorregulación es esencial para su vida futura, ya que les brinda las herramientas necesarias para enfrentar desafíos y actuar de manera ética y consciente.

Fomentar la toma de decisiones y la resolución de problemas

Enseñar a los niños a tomar decisiones y resolver problemas es una habilidad fundamental para su desarrollo y crecimiento. Al permitirles asumir responsabilidades de forma gradual y enfrentar decisiones adecuadas a su edad, los padres les brindan las herramientas necesarias para que puedan aprender a pensar de manera independiente, evaluar opciones y lidiar con los resultados de sus elecciones. Esta habilidad no solo aumenta la confianza y la autonomía del niño, sino que también le enseña a ser resiliente y a enfrentar los desafíos de la vida con una actitud constructiva y proactiva.

Fomentar la toma de decisiones y la resolución de problemas no significa dejar a los niños sin orientación; en cambio, implica guiarlos en el proceso, ofrecerles un entorno seguro para practicar y apoyarles en la reflexión sobre sus decisiones. Este enfoque equilibrado entre libertad y orientación ayuda a que el niño desarrolle habilidades críticas de pensamiento lógico, empatía y responsabilidad, habilidades que serán valiosas en todas las etapas de su vida.

Por qué es importante fomentar la toma de decisiones y la resolución de problemas

- **Desarrolla la autonomía y el sentido de control:**
  La capacidad de tomar decisiones da a los niños un sentido de autonomía y de control sobre su vida. Al poder elegir entre diferentes opciones y ver las consecuencias de sus decisiones, el niño entiende que tiene la capacidad de influir en su propio entorno. Este sentido de control es fundamental para su autoestima y autoconfianza, ya que le permite experimentar una sensación de competencia y logro.

- **Enseña responsabilidad y reflexión sobre las consecuencias:**
  Cuando los niños participan activamente en la toma de decisiones, aprenden que cada elección tiene sus consecuencias, tanto positivas como negativas. Este aprendizaje es esencial para desarrollar su sentido de responsabilidad, ya que entienden que deben asumir las consecuencias de sus decisiones. Además, la reflexión sobre los resultados de sus elecciones les ayuda a ajustar su comportamiento en el futuro y a tomar decisiones más informadas.

- **Fomenta la resiliencia y la capacidad para enfrentar desafíos:**
  La resolución de problemas permite que los niños desarrollen resiliencia al aprender a enfrentar y superar los obstáculos en lugar de evitarlos. Al comprender que los problemas pueden resolverse mediante esfuerzo, creatividad y perseverancia, los niños adquieren la confianza necesaria para abordar los desafíos de la vida. Esta habilidad es esencial para su desarrollo emocional, ya que les enseña a manejar el estrés y a enfrentar situaciones complejas con una actitud positiva y resiliente.

Estrategias para fomentar la toma de decisiones y la resolución de problemas

- **Ofrecer elecciones limitadas y adecuadas a la edad:**
  Para los niños pequeños, es útil comenzar ofreciendo opciones limitadas que les permitan experimentar la toma de decisiones sin abrumarlos. Por ejemplo, en lugar de preguntar "¿Qué quieres desayunar?", se pueden dar dos opciones, como "¿Prefieres cereal o fruta?". Esta estrategia les permite tomar decisiones sin sobrecarga y

les da una **estructura** que los ayuda a desarrollar confianza en sus elecciones. A medida que crecen, se les puede ofrecer una mayor variedad de opciones en función de su madurez.

- **Guiar en el proceso de resolución de problemas:**
Cuando el niño enfrenta un problema, es útil guiarlo en el proceso en lugar de resolverlo directamente. Preguntarle cosas como "¿Qué podrías hacer para resolver esto?" o "¿Qué opciones tienes?" le ayuda a reflexionar y a desarrollar su capacidad para analizar la situación. Esta guía fomenta un enfoque activo y promueve su desarrollo de habilidades de pensamiento crítico. La clave es evitar darle respuestas directas y, en cambio, ayudarlo a explorar posibles soluciones.

- **Permitir que el niño experimente las consecuencias naturales de sus decisiones:**
Las consecuencias naturales permiten que el niño aprenda de sus decisiones sin necesidad de imponer castigos. Por ejemplo, si elige no llevar un abrigo en un día frío, experimentará la incomodidad de tener frío y comprenderá la importancia de llevar abrigo en el futuro. Este tipo de experiencia enseña de manera efectiva y permite que el niño ajuste su comportamiento de acuerdo con lo que ha aprendido.

  Las consecuencias naturales deben ser seguras y estar supervisadas; la idea no es permitir que el niño se lastime, sino que aprenda de forma constructiva y directa, entendiendo que cada decisión tiene un impacto.

- **Modelar la toma de decisiones y la resolución de problemas:**
Los padres pueden modelar la toma de decisiones y la resolución de problemas de manera que los niños aprendan al observar. Por ejemplo, al enfrentarse a una decisión, los padres pueden expresar en voz alta su

proceso de pensamiento: "Tengo dos tareas importantes. Si empiezo por la más difícil, después podré relajarme un poco más". Este tipo de modelado permite que el niño vea cómo se toman decisiones y cómo se enfrentan los problemas, dándole un ejemplo práctico de cómo gestionar situaciones similares.

- **Reforzar el esfuerzo y el aprendizaje en lugar de solo el resultado:**
  En la resolución de problemas, es fundamental reconocer el esfuerzo y la perseverancia del niño, independientemente del resultado final. Esto enseña al niño a valorar el proceso de aprender y de intentar, en lugar de centrarse solo en el éxito o el fracaso. Decir algo como "Me gustó cómo pensaste diferentes formas de resolver el problema" refuerza su confianza y lo motiva a seguir intentando, enseñándole que cada esfuerzo es un paso en el camino hacia la solución.

- **Enseñar a reflexionar sobre sus decisiones y aprendizajes:**
  Después de una experiencia en la que el niño ha tomado una decisión o resuelto un problema, es útil hacer una reflexión conjunta. Preguntar "¿Qué aprendiste de esto?" o "¿Cómo crees que lo harías la próxima vez?" le ayuda a analizar sus acciones y a considerar alternativas. Esta reflexión fortalece su **pensamiento crítico** y lo ayuda a aprender de sus experiencias, preparando el terreno para decisiones futuras más informadas.

Ejemplos prácticos para fomentar la toma de decisiones y la resolución de problemas

- **Ejemplo 1**: Si el niño se siente frustrado porque no logra armar un rompecabezas, en lugar de resolverlo por él, se le puede guiar a través del proceso. Decirle "¿Qué te parece si empezamos por las piezas de las esquinas?" le brinda una orientación sin resolver el problema directamente. Este apoyo gradual le ayuda a desarrollar confianza en sus habilidades de resolución de problemas.

- **Ejemplo 2**: Al permitir que el niño elija qué ropa ponerse, aunque sus elecciones no siempre sean las más combinadas o prácticas, se le está brindando la oportunidad de experimentar la toma de decisiones. Si elige un atuendo que no es adecuado para el clima, experimentará las consecuencias naturales de su elección, como sentir frío o calor, y aprenderá a elegir ropa más apropiada en el futuro.

- **Ejemplo 3**: Si el niño no organiza sus materiales escolares y olvida llevar algo importante, en lugar de rescatarlo llevándole el material a la escuela, se puede permitir que experimente la falta de ese material. La próxima vez, será más consciente de la importancia de organizarse y verificar lo que necesita antes de salir de casa.

Beneficios de fomentar la toma de decisiones y la resolución de problemas

- **Aumenta la confianza y la independencia:**
  Al tomar decisiones y resolver problemas de forma autónoma, los niños desarrollan una confianza sólida en sus habilidades y se sienten capaces de enfrentar situaciones de forma independiente. Este sentido de competencia es esencial para su desarrollo emocional y social, ya que les permite explorar el mundo y asumir nuevos desafíos con seguridad.

- **Desarrolla habilidades de pensamiento crítico y adaptabilidad:**
  La capacidad de analizar opciones, prever consecuencias y ajustar el comportamiento en función de los resultados fortalece el pensamiento crítico y la adaptabilidad del

niño. Estas habilidades son esenciales para que pueda enfrentar problemas complejos y adaptarse a entornos cambiantes, habilidades que son cada vez más valoradas en la vida moderna.

- **Fomenta la responsabilidad y el respeto por las consecuencias:**
  Al experimentar las consecuencias de sus decisiones, el niño aprende a ser responsable de sus acciones y a respetar los efectos de sus elecciones. Esta responsabilidad personal es fundamental para su desarrollo ético, ya que le enseña a tomar decisiones con conciencia de su impacto y a considerar a los demás en el proceso.

Errores comunes al fomentar la toma de decisiones y la resolución de problemas y cómo evitarlos

- **Imponer decisiones sin dar opciones:**
  Algunos padres tienden a tomar decisiones en nombre del niño sin brindarle la oportunidad de elegir. Para evitar esto, es importante ofrecer opciones limitadas que sean seguras y apropiadas para su edad, permitiéndole experimentar el proceso de toma de decisiones y desarrollando su autonomía.

- **Rescatar al niño de los problemas constantemente:**
  Rescatar al niño cada vez que enfrenta una dificultad le impide desarrollar habilidades de resolución de problemas y aprender de las consecuencias de sus acciones. En lugar de resolver sus problemas de inmediato, es útil guiarlo y permitirle encontrar soluciones con apoyo y orientación, pero sin intervenir directamente.

- **Centrarse solo en los resultados y no en el proceso:**
  Al centrarse solo en el resultado final, los padres pueden

hacer que el niño se sienta presionado o temeroso de fallar. Para evitar esto, es fundamental reconocer y valorar el esfuerzo y la perseverancia del niño en el proceso de toma de decisiones, enseñándole que cada intento y aprendizaje cuenta.

Fomentar la toma de decisiones y la resolución de problemas es una parte esencial de la disciplina positiva y el desarrollo infantil. Estas habilidades permiten que los niños asuman la responsabilidad de sus elecciones, enfrenten desafíos con confianza y se preparen para la vida adulta con un sentido de autonomía y responsabilidad.

Manejar el fracaso: Ayudándoles a aprender de los errores

Enseñar a los niños a manejar el fracaso y a aprender de sus errores es esencial para su desarrollo emocional y para construir una actitud resiliente. El fracaso forma parte de la vida y, al aprender a afrontarlo desde una edad temprana, los niños desarrollan una **tol**erancia a la frustración y una actitud positiva hacia los desafíos. En lugar de ver el fracaso como algo negativo, pueden aprender a interpretarlo como una oportunidad de crecimiento y de aprendizaje, algo que los prepara para enfrentar con confianza los retos de la vida.

Ayudar a los niños a manejar el fracaso de manera constructiva no significa evitar que se equivoquen o protegerlos de toda frustración; se trata de enseñarles a analizar sus errores, aprender de ellos y adaptarse en el futuro. Los estudios demuestran que los niños que reciben apoyo en el manejo del fracaso desarrollan una mayor inteligencia emocional y resiliencia, dos habilidades fundamentales para la vida.

Acompañar a los niños en sus errores les permite sentir el apoyo de sus padres y los motiva a intentar nuevas cosas sin temor al error o al juicio.

Por qué es importante enseñar a los niños a manejar el fracaso

- **Fomenta la resiliencia y la tolerancia a la frustración:**
  Al aprender a manejar el fracaso, los niños desarrollan la capacidad de superar la frustración y de perseverar frente a los obstáculos. La resiliencia les permite levantarse y seguir adelante después de un error o un fracaso, lo cual es esencial para su desarrollo emocional y para enfrentar los desafíos de la vida con una actitud positiva.

- **Desarrolla el autocontrol y la autoconfianza:**
  Los niños que aprenden a ver el fracaso como una experiencia de aprendizaje desarrollan una mayor confianza en sus habilidades y una actitud reflexiva ante los errores. Al comprender que pueden corregir y mejorar, se sienten más seguros de sí mismos y menos propensos a abandonar cuando enfrentan dificultades.

- **Fomenta una mentalidad de crecimiento:**
  Enseñar a los niños a manejar el fracaso refuerza una mentalidad de crecimiento, donde entienden que sus habilidades y capacidades pueden mejorar con esfuerzo y perseverancia. Esta mentalidad les permite enfrentar los errores sin temor y los motiva a aprender y a mejorar continuamente, en lugar de enfocarse únicamente en el resultado.

Estrategias para ayudar a los niños a manejar el fracaso y aprender de los errores

- **Normalizar el fracaso como parte del aprendizaje:**
  Una de las mejores maneras de ayudar a los niños a manejar el fracaso es normalizarlo y hacerles entender que cometer errores es parte del aprendizaje. Los padres pueden compartir sus propias experiencias, hablar sobre momentos en los que se equivocaron y explicar cómo aprendieron y crecieron a partir de esos errores. Al saber que el fracaso es algo que todos experimentan, los niños se sienten menos avergonzados y más abiertos a asumir riesgos y a aprender.

  Decirles frases como "A todos nos pasa, y siempre podemos aprender de los errores" les muestra que no están solos en sus fracasos y que el aprendizaje es continuo. Este enfoque también evita que los niños se sientan avergonzados o que perciban el error como una falta de capacidad.

- **Ofrecer apoyo emocional sin minimizar sus sentimientos:**
  Es natural que los niños se sientan frustrados o tristes después de un error, y es importante validar esos sentimientos sin minimizar su experiencia. En lugar de decir "No es para tanto" o "No te preocupes", los padres pueden decir "Entiendo que te sientas frustrado, es normal sentirse así". Validar sus emociones les permite procesarlas de manera saludable y les enseña a gestionarlas sin evitarlas.

  Este apoyo emocional les da la seguridad de que pueden enfrentar sus errores con la comprensión de sus padres, lo cual facilita que se recuperen de la frustración y encuentren la fuerza para volver a intentarlo. Escuchar y validar sus emociones también les permite aprender a regularse emocionalmente en el futuro.

- **Ayudarles a analizar el error y a identificar soluciones:**
Una vez que el niño se haya calmado, es útil reflexionar juntos sobre el error para identificar lo que salió mal y explorar posibles soluciones. Preguntar cosas como "¿Qué crees que podrías hacer diferente la próxima vez?" o "¿Qué aprendiste de esta experiencia?" le permite analizar la situación de manera objetiva y aprender de ella.
Este proceso de análisis refuerza sus habilidades de pensamiento crítico y lo ayuda a ver el error como una oportunidad para mejorar. La clave es hacer preguntas que le permitan reflexionar sin presionarlo ni criticarlo, brindándole espacio para desarrollar sus propias conclusiones.

- **Enseñarles a intentar de nuevo con una actitud positiva:**
Después de reflexionar sobre el error, es importante motivar al niño a intentarlo de nuevo y a enfrentar el desafío con una actitud positiva. Alentar frases como "Esto es una nueva oportunidad para mejorar" o "Aprendiste algo nuevo, ahora intenta aplicarlo" refuerza la idea de que el error es solo un paso más en el proceso de aprendizaje.
Esta estrategia enseña a los niños la importancia de la perseverancia y de enfrentar los desafíos con determinación, una habilidad esencial para su desarrollo. Reforzar la idea de que cada intento es una oportunidad de crecimiento ayuda a que el niño vea el proceso de aprender como algo continuo, en el que cada esfuerzo cuenta.

- **Reconocer y valorar el esfuerzo en lugar de solo el resultado:**
Es fundamental elogiar el esfuerzo que el niño pone en sus intentos, incluso si no logra el resultado deseado. Reconocer frases como "Me gusta cómo te esforzaste en

resolverlo" o "Valoré mucho que lo intentaras otra vez" les enseña que el esfuerzo y la perseverancia son tan importantes como el éxito final.

Al centrarse en el esfuerzo, los niños desarrollan una motivación intrínseca y aprenden que el valor de su trabajo va más allá del éxito o el fracaso. Esta perspectiva los motiva a seguir adelante, sabiendo que su esfuerzo es apreciado y que cada intento los ayuda a mejorar.

- **Modelar una actitud positiva hacia los errores:**

  Los niños aprenden observando a sus padres, por lo que es útil modelar una actitud positiva hacia los propios errores. Cuando los padres enfrentan sus fracasos de manera constructiva, mostrando cómo reflexionan y buscan soluciones, los niños aprenden a hacer lo mismo. Los padres pueden expresar en voz alta sus reflexiones, diciendo cosas como "No me salió bien esta vez, pero voy a intentarlo de otra manera".

  Esto les enseña que los errores son normales y que siempre es posible aprender de ellos. Al ver que sus padres no se desaniman ante los fracasos, los niños desarrollan una actitud similar y aprenden a enfrentar sus propios errores con más confianza y menos temor.

Ejemplos prácticos para enseñar a los niños a manejar el fracaso

- **Ejemplo 1**: Si el niño no logra armar un rompecabezas, se le puede decir "Parece que este rompecabezas es complicado, pero sé que has avanzado bastante. ¿Qué te parece si intentamos buscar las piezas que se parecen?". Este enfoque lo ayuda a ver el error como parte del proceso y a buscar alternativas para resolverlo.

- **Ejemplo 2**: Si el niño no logra una buena calificación en un examen, en lugar de enfocarse en el resultado, se puede decir "Veo que estudiaste, y aunque esta vez no salió como esperabas, podemos revisar juntos qué fue lo que te costó más. Así podrás mejorar para la próxima vez". Esto le permite analizar su desempeño sin presión ni juicio y le enseña a prepararse de manera diferente.

- **Ejemplo 3**: Si el niño derrama algo al intentar servirse solo, se puede decir "A todos nos ha pasado. Te ayudo a limpiar, y después puedes volver a intentarlo". Esta respuesta lo anima a ver el error como parte del aprendizaje y le da la confianza para seguir intentándolo.

Errores comunes al manejar el fracaso y cómo evitarlos

- **Minimizar los sentimientos de frustración del niño:**
  Es natural querer consolar al niño diciéndole que "no es tan grave", pero esto puede hacer que sienta que sus emociones no son importantes. En lugar de minimizar, es mejor validar sus sentimientos y mostrarle que el error es una oportunidad para aprender.

- **Enfocarse solo en el resultado:**
  Si los padres solo valoran los resultados y no el esfuerzo, los niños pueden sentirse presionados y temerosos de fallar. Es importante elogiar el esfuerzo y el proceso de aprendizaje, ya que esto les permite enfocarse en mejorar y disfrutar del proceso en lugar de temer el fracaso.

- **Intervenir de inmediato para evitar el error:**
  Al intentar evitar que los niños cometan errores, los padres limitan su aprendizaje. Es mejor permitir que los niños experimenten el fracaso en un ambiente seguro, guiándolos y apoyándolos cuando sea necesario, en lugar de impedir que se enfrenten a los errores.

Enseñar a los niños a manejar el fracaso de manera positiva y constructiva es fundamental para su desarrollo emocional y su éxito futuro. Esta habilidad les permite enfrentar los desafíos de la vida con resiliencia, ver los errores como oportunidades de crecimiento y desarrollar una mentalidad de aprendizaje continuo. Al apoyarlos en cada paso del proceso, los padres les brindan la confianza y el respaldo necesarios para afrontar sus fracasos y construir una base sólida para el crecimiento personal y el aprendizaje.

Cuándo intervenir y cuándo dejar que exploren por sí mismos

Una de las preguntas más desafiantes para los padres es saber cuándo intervenir y cuándo permitir que sus hijos exploren el mundo por sí mismos. Encontrar el equilibrio adecuado entre darles libertad para experimentar y proporcionarles orientación es fundamental para fomentar su autonomía, su seguridad y su capacidad para tomar decisiones.

Este balance permite que los niños desarrollen habilidades de resolución de problemas, responsabilidad y confianza, al tiempo que saben que cuentan con el apoyo y la guía de sus padres cuando lo necesitan.

Intervenir en exceso puede llevar a una dependencia poco saludable y limitar su crecimiento, mientras que dejar que exploren sin ningún tipo de orientación puede ser abrumador y, en algunos casos, inseguro. La clave está en ajustar la intervención según la edad, madurez y experiencia del niño, ofreciéndole apoyo en las situaciones que realmente lo requieran y dejándolo actuar de forma autónoma en aquellas en las que puede aprender y desarrollarse sin riesgos innecesarios.

La importancia de encontrar el equilibrio entre intervención y libertad

- **Fomenta la independencia y la autoconfianza:**
  Al permitir que los niños exploren por sí mismos, les damos la oportunidad de desarrollar autoconfianza y sentido de competencia. Esta independencia fortalece su capacidad de afrontar situaciones nuevas y de tomar decisiones, lo que aumenta su seguridad en sus propias habilidades.
- **Desarrolla habilidades de resolución de problemas:**
  Al enfrentar desafíos de forma autónoma, los niños desarrollan sus habilidades de resolución de problemas y aprenden a tomar decisiones informadas. Esta práctica les permite experimentar y aprender de sus éxitos y errores, mejorando su capacidad para enfrentar situaciones futuras con recursos y creatividad.
- **Establece un sentido de seguridad y confianza en la relación familiar:**
  Cuando los padres intervienen solo cuando es necesario, el niño aprende que cuenta con el apoyo de sus padres en situaciones de riesgo o dificultad, lo cual refuerza su sensación de seguridad y confianza en su entorno. Este equilibrio fortalece la relación entre padres e hijos, ya que el niño se siente respaldado sin perder su libertad de explorar.

Cuándo intervenir: Indicadores y situaciones clave

Existen situaciones en las que intervenir es necesario para proteger al niño, guiar su aprendizaje o evitar consecuencias que aún no puede manejar por su cuenta. Saber cuándo intervenir requiere prestar atención a ciertos indicadores, como el nivel de riesgo, la experiencia previa del niño y su capacidad para manejar la situación.

A continuación, se detallan algunas situaciones clave en las que es adecuado intervenir:

- **Cuando existe un riesgo de seguridad o salud:**
  La seguridad física y emocional del niño siempre es la prioridad. Si se encuentra en una situación que presenta un riesgo significativo, como jugar cerca de una zona peligrosa o manejar materiales peligrosos sin supervisión, es fundamental intervenir y proporcionarle orientación. En estas situaciones, es importante explicarle el riesgo de forma clara para que comprenda por qué se realizó la intervención.

- **Cuando la situación excede sus habilidades o comprensión:**
  Los niños están en constante desarrollo, y en algunas situaciones pueden verse abrumados por tareas o desafíos que aún no pueden manejar. Si el niño está tratando de realizar una actividad que claramente supera sus habilidades actuales, es recomendable intervenir y ofrecer ayuda o una alternativa adecuada para su edad y experiencia. Esto evita la frustración excesiva y le permite aprender de manera más gradual.

- **Cuando el niño pide ayuda directamente:**
  La solicitud de ayuda es una señal clara de que el niño se siente inseguro o no tiene los recursos necesarios para resolver la situación por sí mismo. Al responder a esta solicitud, los padres fortalecen la confianza del niño en que puede acudir a ellos cuando lo necesite, sin miedo a ser juzgado o a perder su independencia.

- **Cuando el error podría tener consecuencias emocionales profundas:**
  Algunos errores pueden afectar la autoestima o las

emociones del niño de manera significativa. Si se encuentra en una situación en la que su autoconfianza podría verse afectada de manera perjudicial, como un fracaso repetido que lo frustra profundamente, intervenir para guiarlo o alentarlo puede ser beneficioso para ayudarle a enfrentar el desafío sin que su autoestima se vea afectada.

Cuándo dejar que exploren: Momentos para fomentar la autonomía

Permitir que los niños experimenten y exploren por sí mismos es fundamental para su desarrollo. Estas oportunidades les permiten enfrentarse a desafíos y desarrollar habilidades importantes sin depender constantemente de la supervisión o la ayuda de sus padres. Saber cuándo darles esa libertad implica identificar las situaciones en las que el niño puede aprender y crecer sin una intervención inmediata.

Estos son algunos momentos ideales para dejar que exploren:

- **Cuando el riesgo es mínimo o manejable:**
  Permitir que el niño explore situaciones que representan un riesgo mínimo, como intentar una actividad en el parque o resolver un rompecabezas por sí solo, le permite experimentar y aprender sin intervención. Estos pequeños desafíos son valiosos para que el niño desarrolle habilidades y supere obstáculos de manera autónoma.

- **Cuando ha demostrado habilidades o experiencias previas:**
  Si el niño ya ha demostrado que puede manejar una situación específica o que tiene experiencia previa en una actividad, es un buen momento para dejar que actúe de forma autónoma. Esto no solo refuerza su confianza, sino

que también le permite seguir perfeccionando sus habilidades sin intervención.

- **Cuando se enfrenta a problemas menores que puede resolver por sí mismo:**
Los problemas pequeños, como decidir qué juguete elegir o cómo organizar sus pertenencias, son oportunidades para que el niño desarrolle **habilidades de toma de decisiones** y **solución de problemas**. Al permitir que se enfrente a estos desafíos cotidianos, los padres le enseñan a ser responsable y a gestionar situaciones simples de forma independiente.

- **Cuando muestra interés y curiosidad por experimentar:**
La curiosidad natural de los niños es una señal de que están listos para aprender. Si un niño expresa interés en probar algo nuevo, como aprender a atarse los zapatos o preparar un bocadillo simple, esta es una oportunidad para que explore y adquiera una nueva habilidad. Proporcionar espacio para experimentar y descubrir fortalece su autonomía y su disposición a enfrentar desafíos.

Estrategias para equilibrar la intervención y la libertad

- **Supervisar a distancia y estar disponibles:**
En lugar de intervenir de inmediato, los padres pueden supervisar a distancia y solo ofrecer ayuda si el niño lo solicita o si la situación lo amerita. Estar disponibles pero sin intervenir directamente permite que el niño sienta que tiene la libertad para explorar y que, al mismo tiempo, puede contar con el apoyo de sus padres si es necesario.

- **Guiar con preguntas en lugar de dar respuestas:**
Cuando el niño enfrenta un desafío, en lugar de resolverlo por él, los padres pueden ayudarle a reflexionar mediante preguntas como "¿Qué crees que

podrías intentar ahora?" o "¿Recuerdas lo que hiciste la última vez?". Esta técnica le permite desarrollar habilidades de resolución de problemas sin depender totalmente de la intervención.

- **Establecer límites claros pero flexibles:**
Dar libertad al niño no significa permitirle hacer cualquier cosa sin restricciones. Es útil establecer límites claros para asegurar su seguridad y brindar una estructura, pero también ser flexibles para que el niño tenga margen para explorar dentro de esos límites. Por ejemplo, en una salida al parque, se le puede decir: "Puedes jugar en el área de juegos, pero no te alejes más allá de esa zona".

- **Ofrecer orientación y luego retroceder:**
Una estrategia eficaz es brindar una orientación inicial y luego permitir que el niño continúe solo. Por ejemplo, al mostrarle cómo construir algo o cómo iniciar una tarea, los padres le dan las herramientas básicas y luego retroceden para que él complete la actividad. Esto le proporciona una base sólida sin quitarle la oportunidad de experimentar y resolver problemas por sí mismo.

- **Modelar la autonomía en situaciones cotidianas:**
Los niños aprenden observando a sus padres, por lo que es útil modelar la independencia y la toma de decisiones en situaciones cotidianas. Expresar en voz alta el proceso de pensar y actuar de forma autónoma, como decir "Voy a intentar hacer esto de otra manera para ver si funciona mejor", ayuda a que los niños vean la importancia de la independencia y del ensayo y error.

Ejemplos prácticos de cuándo intervenir y cuándo dejar que exploren

- **Ejemplo 1**: Si el niño intenta atarse los zapatos y se frustra, en lugar de intervenir de inmediato, los padres pueden guiarlo diciendo "Recuerda que puedes hacerlo paso a paso". Si el niño pide ayuda o se siente abrumado, entonces es un buen momento para intervenir y ayudarle a terminar.
- **Ejemplo 2**: Al ver que el niño intenta hacer una torre de bloques, es preferible dejar que explore diferentes maneras de apilar los bloques, incluso si la torre se cae varias veces. Este proceso le ayuda a descubrir la estabilidad y a experimentar sin intervención, a menos que el niño pida ayuda.
- **Ejemplo 3**: Si el niño decide explorar un juego nuevo en el parque, se le puede permitir intentarlo bajo supervisión y sin intervención directa. Si en algún momento se acerca a una zona insegura o muestra signos de incomodidad, entonces es una buena oportunidad para intervenir y ofrecer apoyo.

Beneficios de equilibrar la intervención y la libertad

- **Fortalece la autoconfianza y la independencia:**
  Al permitir que los niños exploren por sí mismos, se les brinda la oportunidad de desarrollar una autoconfianza sólida y una independencia saludable, ya que aprenden a enfrentar situaciones de forma autónoma.
- **Desarrolla habilidades de pensamiento crítico y resolución de problemas:**
  La libertad para enfrentar desafíos ayuda a los niños a desarrollar sus habilidades de pensamiento crítico y resolución de problemas, ya que aprenden a analizar

situaciones y a tomar decisiones sin depender constantemente de sus padres.

- **Refuerza la relación de confianza y seguridad con los padres:**
  Al intervenir solo cuando es necesario, los padres envían el mensaje de que confían en las capacidades del niño, lo cual fortalece el vínculo de seguridad y confianza en la relación familiar.

- **Fomenta la curiosidad y el deseo de aprender:**
  Al experimentar el mundo de forma autónoma, los niños desarrollan una curiosidad natural y un deseo de aprendizaje continuo, lo cual los motiva a explorar y descubrir nuevas habilidades.

Encontrar el equilibrio adecuado entre intervenir y permitir que los niños exploren por sí mismos es fundamental para su desarrollo. Esta práctica les brinda un entorno seguro donde pueden crecer de manera autónoma y enfrentar los desafíos de la vida con confianza. Al ser conscientes de cuándo intervenir y cuándo darles libertad, los padres contribuyen a formar individuos resilientes, seguros y responsables, preparados para navegar en el mundo con autonomía y fortaleza.

Capítulo 5: El éxito académico y emocional

Crear rutinas que favorezcan el estudio y el aprendizaje

Establecer rutinas que fomenten el estudio y el aprendizaje es fundamental para el desarrollo académico y emocional de los niños. Las rutinas no solo brindan estructura y estabilidad, sino que también facilitan que los niños desarrollen habilidades de autodisciplina, organización y responsabilidad. Estas habilidades son esenciales para su éxito académico y para enfrentar desafíos de manera efectiva a lo largo de su vida. Una rutina bien estructurada crea un entorno que apoya el aprendizaje y reduce el estrés, permitiendo que los niños se concentren en sus tareas académicas con menos distracciones y mayor confianza.

La importancia de las rutinas en el éxito académico y emocional

- **Brinda estructura y predictibilidad:**
  Las rutinas establecen una estructura que da seguridad y estabilidad a los niños, ya que saben qué esperar y cuándo. Este sentido de predictibilidad es clave para que se sientan cómodos y preparados para cada actividad, lo cual les permite enfocarse en sus estudios sin la incertidumbre que puede distraerlos.
- **Fomenta la disciplina y el sentido de responsabilidad:**
  Al seguir una rutina, los niños desarrollan un sentido de

disciplina y responsabilidad que les permite cumplir con sus compromisos académicos de forma constante. La repetición diaria de actividades les ayuda a internalizar la importancia de cumplir con sus deberes, promoviendo una actitud responsable hacia el estudio.

- **Reduce el estrés y la ansiedad:**
Las rutinas estructuradas también reducen el estrés, ya que eliminan la presión de tener que decidir constantemente qué hacer y cuándo. Esto es especialmente importante en niños, quienes pueden sentirse abrumados si no cuentan con una organización clara para sus actividades diarias. Según un estudio de la American Psychological Association (Asociación Americana de Psicología), los niños que siguen rutinas claras presentan menores niveles de estrés y mejor desempeño académico, ya que la estructura reduce la carga mental y facilita el enfoque en las tareas.

Cómo crear rutinas efectivas para el estudio y el aprendizaje

- **Establecer un horario de estudio regular:**
Un horario de estudio regular es una de las claves para crear una rutina de aprendizaje efectiva. Asignar un tiempo específico cada día para el estudio permite que el niño anticipe y se prepare mentalmente para la actividad. Esto también reduce la procrastinación, ya que el niño sabe que el estudio es una parte estable de su día y no una actividad que se puede posponer.
Por ejemplo, establecer una hora de estudio después de la merienda, como de 5 a 6 p.m., permite que el niño se concentre en sus tareas académicas y se acostumbre a gestionar su tiempo. Es importante mantener este horario de manera constante, ya que la repetición diaria facilita

que el niño desarrolle hábitos de estudio y se sienta cómodo con la rutina.

- **Crear un espacio de estudio adecuado:**

Un espacio de estudio adecuado y libre de distracciones es fundamental para que el niño se concentre en sus tareas. Este espacio debe estar bien iluminado, organizado y contar con los materiales necesarios, como lápices, libros y otros elementos de estudio. Evitar las distracciones es clave, por lo que es recomendable que el lugar de estudio esté alejado de pantallas y dispositivos electrónicos innecesarios.

Al contar con un espacio fijo para estudiar, el niño asocia ese lugar con el aprendizaje, lo cual facilita que se enfoque en sus tareas cuando está allí. Según un estudio de la Universidad de Harvard, los estudiantes que tienen un espacio de estudio dedicado presentan una mayor concentración y mejor desempeño académico, ya que el ambiente influye directamente en su capacidad para concentrarse y aprender.

- **Incluir pausas regulares para mejorar la concentración:**

Las pausas son esenciales en una rutina de estudio, ya que permiten que el niño descanse y recargue energías para continuar con sus tareas. Estudios demuestran que tomar descansos regulares mejora la concentración y la retención de la información. La técnica Pomodoro, que sugiere estudiar en intervalos de 25 minutos con descansos de 5 minutos, es una estrategia efectiva para niños y adolescentes, ya que ayuda a evitar el agotamiento mental.

Las pausas pueden incluir actividades breves y relajantes, como estirarse, dar una caminata breve por la casa o tomar agua. Estas pausas, además de mejorar la concentración, ayudan al niño a aprender a gestionar su

tiempo y su energía de manera eficaz, una habilidad que
será útil a lo largo de su vida.

- **Establecer objetivos de estudio claros y alcanzables:**
Los objetivos ayudan al niño a enfocarse y a comprender
el propósito de sus actividades de estudio. Es útil dividir
los objetivos en tareas más pequeñas y alcanzables, ya
que esto facilita el progreso y motiva al niño al ver que
avanza en sus tareas. Por ejemplo, si el objetivo es
estudiar para un examen, se puede dividir en tareas
como "leer el primer capítulo", "resumir el segundo
capítulo" y "repasar los ejercicios".

Celebrar cada pequeño logro y permitir que el niño vea
su progreso aumenta su motivación y lo incentiva a
seguir cumpliendo con su rutina. Al lograr los objetivos,
el niño se siente exitoso y desarrolla un sentido de logro
y satisfacción, que refuerza su motivación hacia el
aprendizaje.

- **Incluir tiempo para el descanso y las actividades
recreativas:**
El éxito académico no solo depende del tiempo dedicado
al estudio, sino también de un equilibrio saludable entre
trabajo y descanso. Incluir tiempo para actividades
recreativas en la rutina, como deportes, lectura o tiempo
libre, permite que el niño disfrute de su tiempo y se
recargue emocionalmente. Este equilibrio es esencial para
evitar el agotamiento y para que el niño mantenga una
actitud positiva hacia el estudio.

Las actividades recreativas también fomentan
habilidades importantes, como la creatividad, el trabajo
en equipo y la empatía, que son fundamentales para el
desarrollo integral del niño. Un estudio de la
Universidad de Stanford demuestró que los estudiantes
que mantienen un equilibrio entre estudio y recreación
presentan mayor bienestar emocional y mejor desempeño

académico, ya que el descanso y la diversión son necesarios para un aprendizaje efectivo.

- **Involucrar al niño en la creación de la rutina:**
  Cuando el niño participa en la creación de su propia rutina, se siente más comprometido y motivado para cumplirla. Esta participación le da un sentido de **control y autonomía** sobre sus actividades, lo cual aumenta su disposición para seguir la rutina de forma constante. Los padres pueden pedirle al niño que elija el momento del día en el que prefiera estudiar o que sugiera algunas actividades para los descansos.

  La participación activa del niño en el proceso de creación de la rutina también le permite desarrollar habilidades de planificación y organización, que son esenciales para su desarrollo académico y personal. Además, le permite sentirse valorado y escuchado, lo cual fortalece su confianza y su compromiso con el estudio.

Otros aspectos relevantes en la creación de rutinas de estudio

- **Establecer límites claros para el tiempo de pantalla y tecnología:**
  El uso de dispositivos electrónicos debe estar regulado en la rutina diaria para evitar que interfiera con el tiempo de estudio. Establecer límites claros para el tiempo de pantalla, como permitir el uso de dispositivos solo después de completar las tareas académicas, ayuda al niño a gestionar mejor su tiempo y a reducir las distracciones.

  Según la Academia Americana de Pediatría, los niños que tienen límites para el tiempo de pantalla muestran mayor concentración y mejores hábitos de estudio, ya que su atención no se ve dividida por las distracciones tecnológicas. Es importante que los padres expliquen el propósito de este límite, para que el niño comprenda que la tecnología no está prohibida, sino que debe utilizarse de manera equilibrada.

- **Mantener una rutina de sueño adecuada:**

El descanso adecuado es fundamental para el aprendizaje y el bienestar emocional. Los estudios han demostrado que los niños que duermen lo suficiente tienen una mayor capacidad de concentración y retención de la información. Es importante que la rutina incluya un horario de sueño constante, que permita al niño descansar lo necesario para enfrentar sus actividades diarias con energía.

La Fundación Nacional del Sueño recomienda entre 9 y 11 horas de sueño para los niños en edad escolar. Mantener una rutina de sueño adecuada ayuda a que el niño se despierte fresco y listo para aprender, y también reduce el riesgo de problemas de conducta y de salud asociados con la falta de sueño.

- **Establecer un sistema de recompensas o reconocimiento:**

Recompensar los logros académicos y el cumplimiento de la rutina refuerza el sentido de responsabilidad y motiva al niño a continuar. Las recompensas no tienen que ser materiales; pueden incluir elogios verbales, actividades especiales o tiempo adicional en actividades recreativas. Este reconocimiento es importante para que el niño sienta que sus esfuerzos son valorados y para aumentar su motivación intrínseca hacia el aprendizaje.

Un estudio de la Universidad de Columbia demuestra que los niños que reciben refuerzos positivos en sus logros académicos desarrollan una mayor motivación para aprender y un sentido de logro. Este tipo de recompensas ayuda a que el niño valore el esfuerzo y la constancia, enseñándole que sus acciones tienen un impacto positivo en su desarrollo.

- **Practicar la flexibilidad en la rutina cuando sea necesario:**
  Aunque las rutinas son beneficiosas, también es importante que los padres practiquen cierta flexibilidad en situaciones especiales, como eventos familiares, enfermedades o días festivos. Esta flexibilidad enseña al niño que puede adaptarse a los cambios y que es posible mantener un equilibrio sin perder de vista sus responsabilidades.

  La flexibilidad también le permite al niño desarrollar una actitud saludable hacia las normas y las obligaciones, enseñándole que el equilibrio y el bienestar personal son importantes. La adaptabilidad es una habilidad valiosa que le permitirá enfrentar situaciones de cambio de manera positiva.

Beneficios de crear una rutina de estudio estructurada

- **Mejora del rendimiento académico y de la concentración:**
  Los niños que siguen una rutina de estudio estructurada suelen presentar mejor rendimiento académico, ya que la constancia y la estructura facilitan la concentración y el aprendizaje. Al saber qué deben hacer y cuándo, los niños se enfocan más fácilmente en sus tareas y aprovechan mejor el tiempo de estudio.

- **Desarrollo de habilidades de organización y gestión del tiempo:**
  La creación y el seguimiento de una rutina diaria enseñan al niño a **organizar su tiempo** y a gestionar sus actividades de manera eficaz. Estas habilidades son fundamentales para su desarrollo académico y personal, ya que le permiten establecer prioridades y cumplir con sus responsabilidades.

- **Reducción del estrés y aumento del bienestar emocional:**
  Al seguir una rutina estructurada, los niños experimentan menos estrés y ansiedad, ya que saben qué esperar y se sienten en control de su tiempo. Esta predictibilidad les brinda seguridad y reduce la carga emocional, promoviendo un ambiente en el que pueden aprender y crecer de forma saludable.

- **Fortalecimiento del sentido de responsabilidad y autonomía:**
  Cumplir con una rutina de estudio permite que los niños desarrollen un sentido de responsabilidad hacia sus compromisos académicos y personales. Esta práctica promueve su autonomía y les enseña a tomar decisiones que favorezcan su desarrollo, lo cual les será útil en todas las etapas de su vida.

Crear rutinas que favorezcan el estudio y el aprendizaje es una herramienta poderosa para apoyar el desarrollo académico y emocional de los niños. Al ofrecer estructura, constancia y equilibrio, estas rutinas permiten que los niños desarrollen habilidades de organización, disciplina y responsabilidad, preparándolos para enfrentar los desafíos académicos y personales con confianza.

Cómo motivarlos sin presionarlos en exceso

Motivar a los niños hacia el éxito académico y personal sin ejercer una presión excesiva es un reto común en la crianza. La motivación puede ser una herramienta poderosa para impulsar el desarrollo de habilidades, la confianza en uno mismo y el deseo de aprender. Sin embargo, una motivación mal manejada puede generar estrés, ansiedad y miedo al fracaso en los niños.

Encontrar el equilibrio entre motivar y no presionar es fundamental para fomentar en ellos una actitud positiva hacia el aprendizaje y un interés genuino en alcanzar sus metas personales y académicas.

Un enfoque saludable para motivar a los niños implica promover la motivación intrínseca, la cual se basa en el interés y la satisfacción personal, en lugar de depender exclusivamente de recompensas o expectativas externas. Los niños que desarrollan motivación intrínseca, es decir, la capacidad de actuar por interés propio y curiosidad, logran un mejor rendimiento académico y desarrollan una relación más saludable con el éxito y el aprendizaje. Estos niños se sienten satisfechos y motivados a enfrentar desafíos, sin miedo a las expectativas de los demás.

Por qué es importante motivar sin presionar

- **Fomenta una relación positiva con el aprendizaje:**
  Al motivar a los niños de manera saludable, desarrollan una actitud positiva hacia el aprendizaje y el esfuerzo, en lugar de verlo como una obligación impuesta. Esta actitud positiva les permite disfrutar el proceso de aprender y experimentar satisfacción en sus logros, lo cual refuerza su motivación a largo plazo.
- **Previene el estrés y la ansiedad:**
  Los niños que se sienten presionados para cumplir con altas expectativas suelen experimentar estrés y ansiedad, lo cual puede afectar su rendimiento académico y emocional. Al motivarlos sin presionar en exceso, los padres fomentan un entorno en el que los niños pueden concentrarse en sus intereses y habilidades sin el temor constante de fallar.
- **Desarrolla la autonomía y la autodisciplina:**
  La motivación intrínseca fomenta en los niños el deseo de

superarse por sus propios objetivos y valores, lo cual fortalece su autonomía y autodisciplina. Los niños que actúan por interés propio tienden a esforzarse de manera constante y a desarrollar habilidades de autorregulación, habilidades fundamentales para el éxito académico y emocional.

Estrategias para motivar a los niños sin presionarlos en exceso

- **Enfocarse en el proceso, no solo en el resultado:**
  Reconocer y valorar el esfuerzo, la dedicación y el proceso de aprendizaje ayuda a que el niño desarrolle una mentalidad de crecimiento y vea sus logros como el resultado de su esfuerzo. Al centrarse en el proceso, los padres enseñan que el éxito no se mide solo por las calificaciones o los resultados finales, sino por el esfuerzo y las habilidades que se desarrollan en el camino.
  En lugar de elogiar solo las buenas calificaciones, es útil elogiar el esfuerzo y el progreso: "Me gusta cómo te esforzaste en entender esta tarea" o "Estoy orgulloso de que hayas trabajado tanto en tu proyecto de ciencias". Este enfoque evita que el niño dependa de los resultados para sentirse exitoso y le permite experimentar satisfacción en su crecimiento personal.

- **Fomentar la motivación intrínseca a través de intereses y curiosidad:**
  La motivación intrínseca se desarrolla cuando el niño siente interés y disfruta lo que hace. Permitir que explore sus intereses y tenga espacio para satisfacer su curiosidad personal es una excelente manera de motivarlo sin presionarlo. Esto puede lograrse al permitirle elegir actividades extracurriculares que realmente disfrute o al relacionar temas de estudio con sus intereses personales. Por ejemplo, si al niño le gusta la ciencia, los padres

pueden buscar actividades o recursos que amplíen sus conocimientos en esa área, como experimentos caseros o visitas a museos. Los niños que siguen sus intereses personales y reciben apoyo en ellos desarrollan una mayor motivación y curiosidad, lo cual mejora su rendimiento académico y su bienestar emocional.

- **Establecer expectativas claras y razonables:**
  Es importante que los padres establezcan expectativas claras y alcanzables para que el niño sepa lo que se espera de él sin sentirse abrumado. Estas expectativas deben estar alineadas con las habilidades y el desarrollo del niño, lo cual evita que se sienta presionado por metas inalcanzables. Es fundamental recordar que cada niño es único y tiene su propio ritmo de aprendizaje, por lo que es importante ajustar las expectativas de acuerdo con sus necesidades.

  Expresar expectativas de manera positiva y motivadora puede incluir frases como "Sé que puedes esforzarte y mejorar cada día" o "Confío en que puedes hacer un gran trabajo en esta tarea". Este enfoque refuerza la confianza en el niño y le permite sentirse motivado sin que perciba la expectativa como una presión.

- **Fomentar la resolución de problemas y la autonomía:**
  Permitir que los niños enfrenten desafíos y encuentren soluciones por sí mismos les da la oportunidad de desarrollar habilidades de resolución de problemas y autonomía. Al involucrarlos en la toma de decisiones sobre cómo afrontar sus tareas académicas, los padres fomentan en ellos la autoconfianza y el sentido de control sobre su propio aprendizaje.

  Los padres pueden guiar al niño con preguntas como "¿Cómo crees que podrías resolver este asunto?" o "¿Qué pasos crees que te ayudarían a completar esta tarea?" en lugar de ofrecer soluciones de inmediato. Este tipo de orientación fomenta la independencia y permite que el niño sienta que puede superar los desafíos por sí mismo, lo cual aumenta su motivación y le da herramientas para manejar la presión de manera efectiva.

- **Evitar las comparaciones con otros:**
Comparar a un niño con sus hermanos, amigos o compañeros de clase puede generar inseguridad y competitividad innecesaria. Las comparaciones pueden afectar su autoestima y motivación, haciéndolo sentir que debe cumplir con expectativas externas para ser valorado. En lugar de compararlo, es mejor reconocer y valorar sus propios esfuerzos y logros, alentándolo a que se concentre en su propio progreso.

  Los niños que son motivados a enfocarse en su propio progreso desarrollan una mayor autoconfianza y una relación más positiva con el aprendizaje, ya que no sienten la presión de competir constantemente con los demás.

- **Proporcionar retroalimentación constructiva y alentadora:**
La retroalimentación constructiva es una herramienta poderosa para motivar sin presionar, ya que permite que el niño aprenda de sus errores sin sentirse juzgado. En lugar de enfocarse solo en los errores, los padres pueden señalar los aspectos en los que el niño puede mejorar, de manera positiva y alentadora. Esta retroalimentación refuerza el aprendizaje y fomenta en el niño una actitud de mejora continua.

  Por ejemplo, en lugar de decir "Debiste hacerlo mejor en este examen", se puede decir "Veo que has aprendido muchas cosas; para la próxima vez, podrías enfocarte en estos temas para mejorar aún más". Este enfoque ayuda a que el niño vea la retroalimentación como una guía para mejorar y no como una crítica a su desempeño.

Otros aspectos relevantes en la motivación sin presión excesiva

- **Celebrar el progreso y los logros personales:**
  Celebrar los logros del niño, tanto grandes como pequeños, le da un sentido de logro y le permite ver que sus esfuerzos son valorados. Esta celebración no necesariamente tiene que ser material; puede incluir elogios verbales, palabras de aliento o actividades especiales. Al celebrar los logros, el niño se siente motivado a continuar y desarrolla una actitud positiva hacia el aprendizaje y el esfuerzo.

  Celebrar los logros también refuerza la motivación intrínseca, ya que el niño experimenta la satisfacción de alcanzar sus metas y se siente orgulloso de sus propios logros, sin la presión de expectativas externas.

- **Modelar una actitud positiva hacia el aprendizaje y el esfuerzo:**
  Los padres son un ejemplo constante para sus hijos, por lo que al modelar una actitud positiva hacia el aprendizaje y el esfuerzo, enseñan al niño a valorar el crecimiento personal. Los padres pueden expresar en voz alta su entusiasmo por aprender algo nuevo o compartir su esfuerzo para lograr una meta, mostrándoles que el esfuerzo es tan valioso como el éxito.

  Al ver que sus padres valoran el esfuerzo y el aprendizaje continuo, el niño internaliza estos valores y se motiva a esforzarse sin sentir la presión de cumplir con expectativas externas. Este modelado refuerza su motivación para aprender y le enseña a enfrentar desafíos con una actitud positiva.

- **Fomentar la autocompasión y la aceptación del error:**
  Parte de motivar sin presionar es enseñar a los niños a aceptar los errores como parte natural del proceso de aprendizaje. Los niños que temen cometer errores

tienden a evitar los desafíos, mientras que aquellos que los ven como oportunidades de crecimiento desarrollan una mayor resiliencia y confianza en sí mismos.

Los padres pueden fomentar la autocompasión y la aceptación del error al decir frases como "Todos cometemos errores; lo importante es aprender de ellos" o "Cada intento te ayuda a mejorar". Este enfoque reduce el miedo al fracaso y motiva al niño a intentarlo de nuevo, enseñándole que el crecimiento personal es un proceso continuo.

Motivar a los niños hacia el éxito sin presionarlos en exceso es una estrategia poderosa para fomentar una relación positiva con el aprendizaje y el crecimiento personal. Al crear un equilibrio entre la motivación y el apoyo, los padres ayudan a que sus hijos desarrollen una actitud resiliente y autónoma, fortaleciendo su capacidad para enfrentar desafíos de manera saludable. Este enfoque les permite crecer en un entorno de apoyo y respeto, donde el éxito es una combinación de esfuerzo, aprendizaje y desarrollo emocional.

El papel de la inteligencia emocional en su éxito

La inteligencia emocional es una de las habilidades más importantes para el éxito académico y emocional de los niños. Esta habilidad les permite **reconocer, entender y gestionar sus emociones**, además de desarrollar empatía y mejorar sus relaciones interpersonales. En la actualidad, numerosos estudios destacan que el éxito no solo depende de habilidades académicas y técnicas, sino también de la capacidad para manejar las propias emociones y establecer relaciones saludables. Al desarrollar la inteligencia emocional en los niños, los padres les brindan herramientas valiosas para enfrentar desafíos, resolver conflictos y alcanzar sus metas de manera saludable y equilibrada.

Los niños que desarrollan inteligencia emocional presentan un mayor bienestar emocional, una actitud positiva hacia el aprendizaje y un rendimiento académico superior. La inteligencia emocional les permite lidiar con la frustración, la presión y las dificultades, factores que son inevitables en el proceso educativo y en la vida cotidiana. Al enseñarles a gestionar sus emociones, los padres contribuyen al éxito integral de sus hijos, preparando el camino para que enfrenten los desafíos de la vida de manera resiliente y equilibrada.

Por qué es importante la inteligencia emocional para el éxito académico y emocional

- **Mejora la concentración y el rendimiento académico:**
  La inteligencia emocional ayuda a los niños a regular sus emociones y a mantenerse enfocados en sus tareas, lo cual mejora su rendimiento académico. Cuando los niños saben cómo manejar sus emociones, pueden enfrentar la frustración y la ansiedad sin que estas interfieran en su concentración o en sus actividades escolares.
- **Fomenta la resiliencia y la adaptabilidad:**
  Los niños emocionalmente inteligentes desarrollan una actitud resiliente que les permite enfrentar el fracaso y aprender de los errores. Esta habilidad es fundamental para su desarrollo emocional, ya que los prepara para enfrentar dificultades y adaptarse a los cambios sin perder su motivación o confianza.
- **Fortalece las habilidades sociales y la empatía:**
  La inteligencia emocional permite a los niños comprender y respetar las emociones de los demás, lo cual mejora sus habilidades sociales y facilita la creación de relaciones saludables. Esta habilidad es esencial para

su éxito en el entorno académico y en la vida personal, ya que les permite colaborar, resolver conflictos y trabajar en equipo de manera efectiva.

Estrategias para desarrollar la inteligencia emocional en los niños

- **Enseñar a reconocer y nombrar las emociones:**
  Un paso importante para desarrollar la inteligencia emocional es enseñar a los niños a reconocer y nombrar sus emociones. Los padres pueden ayudar a que identifiquen lo que sienten en distintas situaciones, utilizando términos simples y descriptivos para cada emoción, como alegría, tristeza, frustración o enojo. Esta habilidad es esencial para que los niños entiendan sus propias reacciones y desarrollen la capacidad de comunicarlas de manera efectiva.

  Por ejemplo, cuando el niño experimenta frustración por no lograr una tarea, los padres pueden decir: "Parece que te sientes frustrado porque esto no salió como querías". Este reconocimiento ayuda al niño a aceptar y comprender sus emociones, lo cual es un paso clave para manejarlas de manera saludable.

- **Validar y aceptar las emociones sin juzgarlas:**
  Es importante que los niños aprendan que todas las emociones son válidas y que sentir enojo, tristeza o miedo es natural. Validar las emociones sin juzgarlas les enseña a aceptarlas y a no reprimirlas. Esto evita que las emociones se acumulen y generen ansiedad o malestar, y permite que el niño desarrolle una relación saludable con sus propios sentimientos.

  Decir algo como "Está bien sentirte triste por esto, todos tenemos días difíciles" le muestra al niño que sus emociones son normales y que está bien experimentarlas.

Este enfoque refuerza su confianza para expresar sus sentimientos y los motiva a gestionarlos en lugar de evitarlos.

- **Enseñar estrategias para gestionar y regular las emociones**

Una vez que el niño reconoce y acepta sus emociones, es importante enseñarle estrategias de regulación emocional. Estas estrategias pueden incluir técnicas de respiración, contar hasta diez antes de reaccionar o tomar un descanso cuando se siente abrumado. Estas herramientas le permiten controlar sus reacciones y enfrentar situaciones difíciles con calma.

Por ejemplo, enseñar al niño a respirar profundamente cuando siente enojo o frustración puede ayudarlo a calmarse y a tomar mejores decisiones. Los niños que aprenden estrategias de regulación emocional son menos propensos a actuar impulsivamente y desarrollan una mayor capacidad para enfrentar conflictos de manera pacífica.

- **Fomentar la empatía y el respeto hacia los demás**

La empatía es una parte esencial de la inteligencia emocional, ya que permite a los niños comprender y respetar los sentimientos de los demás. Los padres pueden fomentar la empatía al enseñarles a ponerse en el lugar del otro y a considerar cómo sus acciones afectan a quienes los rodean. Esto no solo mejora sus habilidades sociales, sino que también les ayuda a desarrollar relaciones saludables y a resolver conflictos de manera efectiva.

Por ejemplo, si el niño se pelea con un amigo, los padres pueden preguntar: "¿Cómo crees que se siente tu amigo ahora?" o "¿Qué podrías hacer para mejorar la situación?". Estas preguntas ayudan al niño a reflexionar sobre las emociones ajenas y a desarrollar una actitud de respeto y comprensión hacia los demás.

- **Modelar una actitud de autocontrol y regulación emocional**

  Los niños aprenden observando a sus padres, por lo que es fundamental modelar una actitud de autocontrol y regulación emocional. Cuando los padres manejan sus propias emociones de manera calmada y reflexiva, enseñan a sus hijos a hacer lo mismo. Esto no significa ocultar las emociones, sino expresarlas de manera adecuada y buscar soluciones constructivas ante el conflicto.

  Por ejemplo, si un padre enfrenta una situación estresante, puede decir: "Voy a tomar unos minutos para calmarme y pensar cómo puedo resolver esto". Este modelo le muestra al niño que las emociones se pueden gestionar y que el autocontrol es una herramienta valiosa para enfrentar los desafíos.

Otros aspectos importantes en el desarrollo de la inteligencia emocional

- **Establecer límites claros y razonables para el comportamiento emocional**

  Parte de la inteligencia emocional es entender que, aunque todas las emociones son válidas, no todos los comportamientos lo son. Establecer límites claros y razonables ayuda a los niños a aprender a expresar sus emociones de manera respetuosa. Por ejemplo, es importante que comprendan que pueden sentir enojo, pero que no es adecuado gritar o golpear. Estos límites les enseñan a canalizar sus emociones de manera adecuada y respetuosa.

  Al establecer límites, es útil explicar el motivo detrás de

cada uno, como "Está bien que te sientas enojado, pero en esta casa no gritamos porque nos respetamos unos a otros". Esto ayuda al niño a entender el propósito del límite y a desarrollar una relación saludable con sus emociones.

- **Incluir juegos y actividades que fomenten la inteligencia emocional**

  Existen numerosos juegos y actividades que ayudan a los niños a desarrollar habilidades emocionales. Juegos de rol, actividades de teatro, lectura de cuentos sobre emociones y actividades artísticas son herramientas útiles para explorar y expresar emociones de manera creativa. Estas actividades les permiten practicar habilidades de empatía, comunicación y regulación emocional en un entorno seguro y divertido.

  Por ejemplo, al leer un cuento, los padres pueden preguntar: "¿Cómo crees que se siente este personaje?" o "¿Qué harías tú en esta situación?". Este tipo de preguntas fomenta la reflexión y la empatía, ayudando al niño a comprender mejor sus emociones y las de los demás.

- **Fomentar una comunicación abierta sobre emociones en el hogar**

  Crear un ambiente de comunicación abierta sobre las emociones permite que los niños se sientan cómodos compartiendo sus sentimientos y preocupaciones. Los padres pueden establecer un espacio de confianza en el que el niño sepa que puede expresar sus emociones sin ser juzgado. Esta apertura facilita que los niños aprendan a reconocer y comunicar sus emociones de manera saludable.

  Al preguntar diariamente sobre cómo se siente o qué fue lo mejor y lo más difícil de su día, los padres demuestran interés en sus emociones y refuerzan la idea de que estas son importantes y merecen ser atendidas.

Desarrollar la inteligencia emocional en los niños es esencial para su éxito académico y emocional, ya que les permite gestionar sus emociones, relacionarse con los demás de manera saludable y enfrentar los desafíos de manera resiliente. Al enseñarles a reconocer, expresar y regular sus emociones, los padres preparan a sus hijos para una vida equilibrada y satisfactoria. La inteligencia emocional es una habilidad que puede aprenderse y fortalecerse con el tiempo, y los padres desempeñan un papel fundamental en este proceso, guiando a sus hijos hacia un éxito que va más allá de lo académico y abarca el bienestar integral.

Apoyar su desarrollo social: Amistades, actividades extracurriculares y más

El desarrollo social es un aspecto crucial para el éxito académico y emocional de los niños. Las habilidades sociales les permiten relacionarse de manera saludable, desarrollar la empatía y mejorar su autoestima, elementos que juegan un papel clave en su bienestar general. Al aprender a establecer amistades, participar en actividades extracurriculares y gestionar situaciones sociales, los niños adquieren habilidades interpersonales que les serán útiles a lo largo de toda su vida. Además, el desarrollo social contribuye a que los niños se sientan apoyados y valorados en su entorno, fortaleciendo su confianza y su sentido de pertenencia.

Para los padres, apoyar el desarrollo social de sus hijos significa proporcionarles un entorno en el que puedan interactuar con otros, explorar sus intereses y desarrollar una identidad propia y auténtica. Los niños que tienen un desarrollo social saludable suelen experimentar menos ansiedad, obtener mejores resultados académicos y presentar mayor satisfacción emocional. Este capítulo se centra en cómo los padres pueden fomentar el desarrollo social de sus hijos de manera equilibrada, sin intervenir en exceso y permitiéndoles construir relaciones y habilidades en un entorno seguro.

Por qué es importante el desarrollo social para el éxito académico y emocional

- **Mejora la autoestima y el sentido de pertenencia:**
  Las amistades y la interacción con otros ayudan a los niños a desarrollar un sentido de pertenencia y una autoestima saludable. Cuando los niños se sienten aceptados y valorados por sus compañeros, su confianza crece, y esto impacta positivamente en su rendimiento académico y su bienestar emocional.
- **Desarrolla habilidades de colaboración y trabajo en equipo:**
  El desarrollo social permite a los niños aprender a trabajar en equipo, colaborar y resolver conflictos. Estas habilidades son esenciales para su éxito en el ámbito académico y profesional, ya que les enseñan a relacionarse de manera efectiva y a valorar las perspectivas de los demás.
- **Fortalece la resiliencia y la adaptabilidad:**
  Las relaciones interpersonales y las experiencias sociales ayudan a los niños a desarrollar resiliencia al enfrentar problemas o desacuerdos con amigos. Este aprendizaje es esencial para que puedan adaptarse a diferentes contextos y situaciones sociales, y para que desarrollen una actitud resiliente frente a los desafíos de la vida.

Estrategias para apoyar el desarrollo social de los niños

- **Fomentar amistades y relaciones saludables:**
  Los padres pueden desempeñar un papel activo en fomentar amistades saludables al proporcionar oportunidades para que sus hijos socialicen en entornos seguros y positivos. Esto puede incluir organizar reuniones con compañeros de clase, llevarlos a actividades comunitarias o permitirles participar en grupos sociales que sean de su interés. Es importante que los padres ayuden a sus hijos a elegir amistades positivas, pero sin imponer relaciones, ya que la elección de amigos debe ser natural y basada en la afinidad.

  Para ayudar a su hijo a formar amistades, los padres pueden modelar comportamientos sociales saludables, como ser amables, escuchar activamente y mostrar interés en los demás. Estas habilidades les enseñan a valorar las relaciones y a desarrollar habilidades de comunicación efectivas.

- **Promover la participación en actividades extracurriculares:**
  Las actividades extracurriculares son una excelente manera de apoyar el desarrollo social de los niños, ya que les permiten interactuar con compañeros que comparten sus intereses y desarrollar nuevas habilidades. Deportes, música, arte, ciencia o clubes académicos ofrecen un entorno en el que los niños pueden aprender a colaborar, asumir roles y trabajar en equipo. Estas actividades no solo fortalecen sus habilidades sociales, sino que también promueven la autodisciplina y el compromiso.

  Los niños que participan en actividades extracurriculares presentan una mayor autoestima, mejores habilidades sociales y un sentido de identidad más claro. Al alentar a los niños a explorar actividades fuera de la escuela, los padres les brindan un espacio para descubrir sus intereses y desarrollar su individualidad.

- **Establecer límites claros y razonables para las interacciones sociales:**

Los límites claros y razonables son fundamentales para que los niños aprendan a relacionarse de manera equilibrada y respetuosa. Establecer límites sobre aspectos como el tiempo de pantalla, el uso de redes sociales o el tiempo para reuniones con amigos ayuda a que los niños desarrollen una actitud saludable hacia las relaciones y eviten la sobrecarga social o la dependencia excesiva de las interacciones digitales.

Los límites también enseñan a los niños a gestionar su tiempo y a priorizar sus actividades. Por ejemplo, los padres pueden establecer que el tiempo de estudio y las tareas se completen antes de las actividades sociales o que se limite el uso de dispositivos electrónicos en las reuniones familiares. Al explicar el propósito de cada límite, los padres ayudan a que los niños comprendan su importancia y a que desarrollen habilidades de autorregulación y responsabilidad.

- **Enseñar habilidades de comunicación y resolución de conflictos:**

Aprender a comunicarse efectivamente y resolver conflictos es esencial para el desarrollo social. Los padres pueden enseñar habilidades de comunicación al modelar el respeto, la empatía y la escucha activa en sus propias interacciones. También pueden guiar a sus hijos para que expresen sus sentimientos de manera asertiva y resuelvan conflictos con amigos o compañeros de manera pacífica.

Por ejemplo, cuando el niño tiene un desacuerdo con un amigo, los padres pueden ayudarlo a reflexionar sobre cómo expresar sus emociones sin herir a los demás y a buscar soluciones que beneficien a ambas partes. Este tipo de orientación fortalece sus habilidades de comunicación y les permite enfrentar desafíos sociales con seguridad.

- **Ofrecer apoyo sin intervenir en exceso en sus relaciones:**
  Aunque es importante apoyar a los niños en su desarrollo social, también es fundamental permitirles resolver algunos problemas de forma autónoma y evitar intervenir en todas sus relaciones. Los niños aprenden a manejar las relaciones y los conflictos al experimentar y cometer errores. Los padres pueden estar presentes y ofrecer su apoyo cuando sea necesario, pero sin asumir un rol demasiado protector.

  En lugar de resolver cada problema social, los padres pueden preguntar al niño cómo se siente, ayudarlo a reflexionar sobre las posibles soluciones y darle el espacio para decidir cómo actuar. Este enfoque fomenta su autonomía y les permite aprender a gestionar sus relaciones de manera efectiva.

Otros aspectos importantes en el desarrollo social de los niños

- **Desarrollar la empatía y el respeto hacia los demás:**
  La empatía es fundamental para el desarrollo social, ya que permite a los niños comprender y respetar las emociones y perspectivas de los demás. Los padres pueden fomentar la empatía al enseñar a sus hijos a considerar cómo sus acciones afectan a los demás y a practicar la compasión en sus relaciones. Actividades como leer cuentos sobre emociones, hablar sobre los sentimientos de los personajes o realizar acciones de bondad en la comunidad son formas efectivas de desarrollar la empatía.

Los niños que desarrollan habilidades empáticas tienen una mayor capacidad para relacionarse y colaborar en grupo, ya que son más capaces de comprender y responder de manera constructiva a las emociones de sus compañeros.

- **Fomentar una actitud de respeto por la diversidad:**
En el entorno social de los niños, es probable que interactúen con personas de diversas culturas, creencias y experiencias. Es importante que aprendan a respetar y valorar esta diversidad desde una edad temprana. Los padres pueden enseñar esta actitud de respeto al conversar sobre la diversidad cultural y promover la inclusión y la apertura en sus relaciones.

  Los niños que aprenden a respetar la diversidad desarrollan una actitud positiva hacia las diferencias y son más capaces de relacionarse con personas de diversos orígenes. Este respeto fortalece sus habilidades de trabajo en equipo y les permite crear relaciones basadas en la comprensión y el respeto mutuo.

- **Enseñar la importancia de establecer límites en las relaciones:**
Los niños deben aprender a establecer límites saludables en sus relaciones para proteger su bienestar emocional y mantener un equilibrio entre su vida personal y social. Los padres pueden enseñarles la importancia de decir "no" cuando se sienten incómodos o cuando algo no les parece justo. Este aprendizaje ayuda a que los niños establezcan relaciones respetuosas y evita que se sientan presionados a actuar en contra de sus valores o intereses.

  Al enseñarles a establecer límites, los padres les permiten desarrollar una autoestima saludable y a sentirse seguros en sus interacciones sociales. Esta habilidad es fundamental para que los niños crezcan con la confianza de que pueden mantener relaciones basadas en el respeto y la reciprocidad.

- **Crear espacios seguros para la socialización:**
Proporcionar espacios seguros para que los niños socialicen facilita su desarrollo social y les permite interactuar sin miedo al juicio o a la crítica. Esto puede incluir permitir que inviten amigos a casa, participar en actividades comunitarias o crear momentos para compartir en familia. Los espacios seguros les permiten experimentar la interacción social de forma natural y sin presiones, lo cual fomenta su confianza y su sentido de pertenencia.

  La seguridad emocional en las interacciones permite a los niños desarrollar una actitud positiva hacia las relaciones y les brinda la confianza necesaria para construir amistades sólidas y saludables.

Apoyar el desarrollo social de los niños es esencial para su éxito académico y emocional, ya que les permite aprender a relacionarse de manera saludable, desarrollar empatía y mejorar su autoestima. Al brindarles oportunidades para socializar, participar en actividades extracurriculares y aprender a establecer límites, los padres fortalecen sus habilidades interpersonales y les brindan una base sólida para el crecimiento personal. Este apoyo les permite desarrollar una identidad auténtica y una actitud positiva hacia las relaciones, preparándolos para un éxito integral que va más allá de lo académico y abarca el bienestar emocional y social.

Conclusión

A lo largo de este libro, hemos explorado una amplia gama de estrategias y consejos para ayudarte a convertirte en un mejor padre y guiar a tus hijos hacia un desarrollo integral, exitoso y emocionalmente saludable. Desde el principio, en el Capítulo 1, entendimos la importancia de conocer la personalidad única de tu hijo y de practicar la escucha activa y sin juicios, con el fin de construir un vínculo de confianza y comprensión.

En los capítulos que siguieron, aprendiste a establecer límites claros y razonables que equilibran la firmeza y el amor, proporcionando estructura sin sofocar la independencia de tu hijo. Descubriste técnicas para motivar de manera positiva y sin presión excesiva, fortaleciendo la motivación intrínseca y celebrando los esfuerzos en lugar de enfocarte solo en los resultados. La importancia de enseñar a manejar el fracaso y aprender de los errores también fue central, ya que esto fomenta la resiliencia y una mentalidad de crecimiento.

También exploramos el valor de la inteligencia emocional, entendiendo cómo enseñar a tu hijo a reconocer y regular sus emociones, y cómo estas habilidades son esenciales para su bienestar y éxito a largo plazo. Finalmente, abordamos la relevancia del desarrollo social, fomentando amistades saludables, la participación en actividades extracurriculares y la capacidad de establecer relaciones basadas en el respeto y la empatía.

Ahora es el momento de llevar estos aprendizajes a la práctica. Recuerda que la crianza no es un camino perfecto ni lineal, sino una serie de oportunidades para crecer junto con tus hijos. Aplicar lo aprendido implica ser consciente de tu rol, tener paciencia y estar dispuesto a adaptarte y evolucionar en cada etapa del desarrollo de tu hijo.

Comienza por observar a tu hijo con nuevos ojos, aplica la escucha activa y demuestra interés genuino en sus pensamientos y emociones. Establece rutinas y límites que reflejen amor y coherencia, y brinda a tu hijo la libertad de explorar y cometer errores, apoyándolo con empatía y guía. Haz que el proceso de aprendizaje sea una experiencia compartida, llena de pequeños pasos y grandes logros.

Este libro es solo el inicio de un viaje de descubrimiento, amor y crecimiento compartido. La clave está en recordar que cada técnica y consejo es una herramienta para cultivar un entorno en el que tu hijo pueda prosperar, desarrollando la confianza, la autonomía y la capacidad de afrontar el mundo con seguridad. Tu dedicación y amor son la base de todo; es momento de aplicarlos y ver cómo tus hijos florecen en cada etapa de su vida.